Lena Ullmann

Cosy Watercolor

IM SKANDI-LOOK

Bibliografische Information der Deutschen Nationalbibliothek
Die Deutsche Nationalbibliothek verzeichnet diese Publikation in der Deutschen Nationalbibliografie. Detaillierte bibliografische Daten sind im Internet über https://dnb.de abrufbar.

Für Fragen und Anregungen
info@m-vg.de

Originalausgabe
1. Auflage 2023

Türkenstraße 89
80799 München
Tel.: 089 651285-0
Fax: 089 652096

Redaktion: Franz Leipold, Violau
Umschlaggestaltung und Layout: Sonja Vallant
Umschlagabbildung: Lena Ullmann, Shutterstock: Ninja Artist, suns07butterfly
Satz: Bernadett Linseisen (schere.style.papier), München
Druck: Firmengruppe APPL, aprinta Druck, Wemding
Printed in Germany

Wir produzieren nachhaltig
www.m-vg.de

ISBN Print 978-3-7474-0561-1

Weitere Informationen zum Verlag finden Sie unter
www.mvg-verlag.de
Beachten Sie auch unsere weiteren Verlage unter www.m-vg.de

Lena Ullmann

Cosy Watercolor im Skandi-Look

20 hyggelige Motive zum Nachmalen – Schritt für Schritt erklärt

mvgverlag

Inhaltsverzeichnis

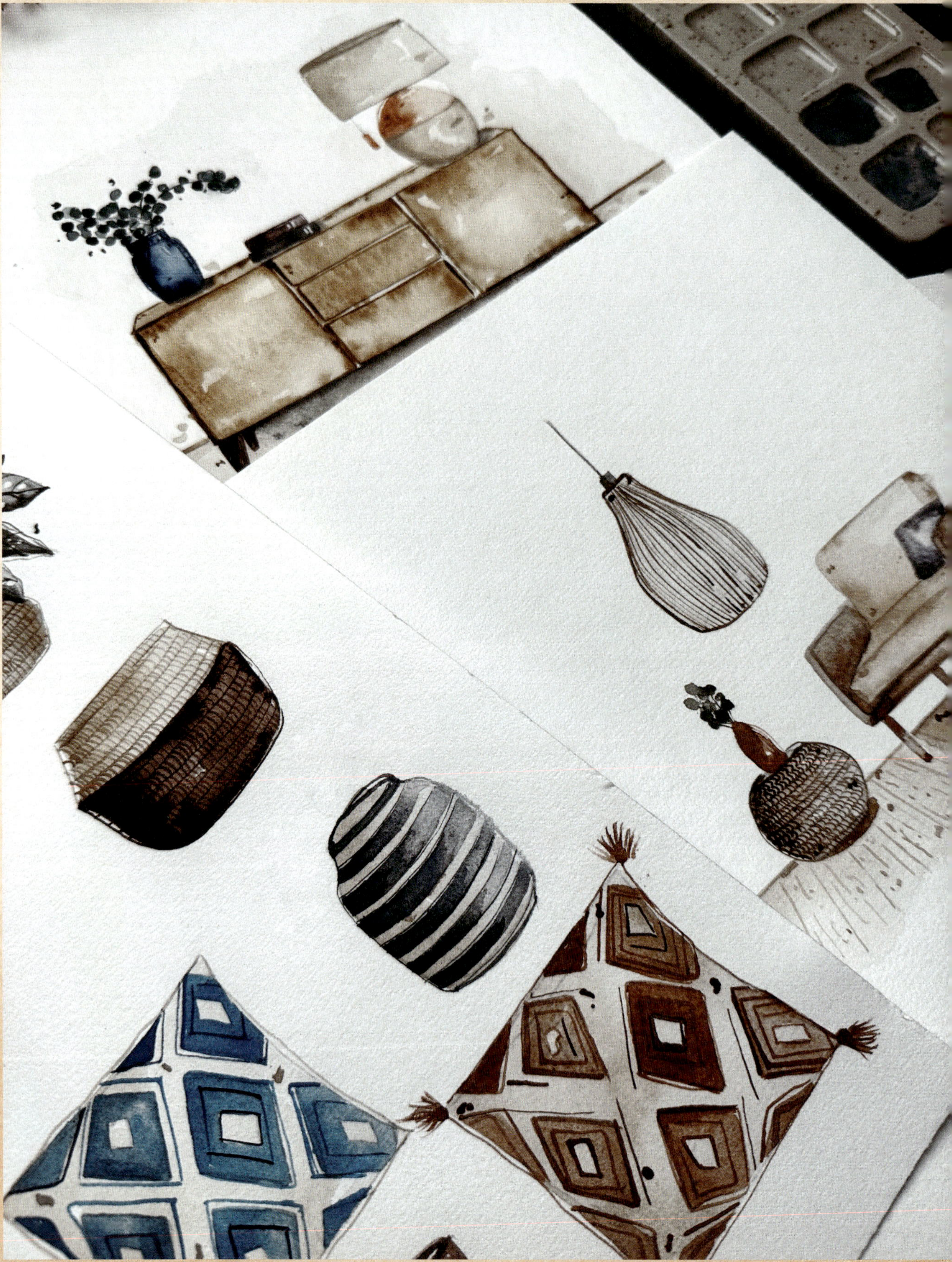

Vorwort

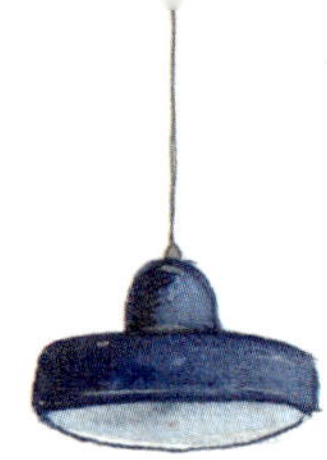

Hallo,

schön, dass du da bist und mich auf meiner „cosy watercolor“-Kreativreise begleiten willst. Ich bin Lena und möchte dir in diesem Buch meine Welt der hyggeligen skandinavischen Loose-Watercolor-Motive zeigen.

Meine kreative Reise begann 2018, als ich versucht habe, meinen Alltag als Biotechnologin mithilfe eines Bullet Journals besser zu strukturieren. Das war schon sehr kreativ für mich, denn im Kunstunterricht in der Schule musste meine Mama mich bei vielen Bildern unterstützen. Das klingt nicht gerade nach dem Startschuss für eine große Karriere als Künstlerin. Nachdem ich damit aber mein erstes kreatives Hobby entdeckt hatte, ließen auch andere Themen, wie das Lettering und auch Loose Watercolor, nicht lange auf sich warten. Letzteres ist bis heute ein riesiges Herzensthema von mir. Ich eröffnete damals den Instagram Account @lettering.lena, den ich später in @pinsel.yoga umbenannt habe, denn die große Lettering-Karriere blieb aus. Vielmehr ist der kreative und wöchentliche #pinselyoga-Livestream zu einem unverzichtbaren Ritual geworden, wobei ich euch verschiedenste Aquarellmotive mit an die Hand gebe. Umso stolzer bin ich nun, dass du mein zweites Buch in den Händen hältst, das mein gesammeltes Know-how über Loose Watercolor beinhaltet.

Vielleicht kennst du auch schon bereits mein erstes Buch „Wild & Green“, das sich thematisch um Grünpflanzen dreht. In diesem Buch lernst du eine neue Seite von mir kennen. Ich bin in Flensburg aufgewachsen, direkt an der dänischen Grenze, und habe schon früh viel vom skandinavischen Lebensstil mitbekommen. Womöglich hast du im Untertitel schon das Wort „hyggelig“ entdeckt und dich gefragt, was ich damit meine.

Hygge ist ein dänisches Wort, das sich am besten mit „Gemütlichkeit“ oder „Wohlbefinden“ übersetzen lässt. Es beschreibt eine entspannte und wohlige Atmosphäre, die durch gemütliche Beleuchtung, bequeme Einrichtung und den Genuss von gutem Essen geschaffen wird. Hygge ist eine Lebensphilosophie, die darauf abzielt, die kleinen Freuden des Lebens zu schätzen und zu genießen.

Damit ist „hygge“ ein wichtiger Bestandteil der skandinavischen Kultur und Lebensweise. Sowohl in Dänemark als auch in Norwegen und Schweden wird das Hygge-Konzept oft als ein Schlüssel zu Glück und Wohlbefinden betrachtet. Skandinavier*innen sehen Hygge als eine Möglichkeit, um sich von der Hektik des modernen Lebens zu distanzieren und ein Gefühl von Ruhe und Entspannung zu schaffen. Genau dieses Hygge-Gefühl möchte ich dir in meinem neuen Buch „Cosy Watercolor“ näherbringen und dir viele kleine Auszeiten schenken.

Insgesamt 20 Projektideen aus vier verschiedenen Themenbereichen warten in diesem Buch darauf, von dir entdeckt zu werden. Dabei starten wir mit Interior Watercolor und Urban Watercolor. Daraufhin kreieren wir unser eigenes Winter Wonderland. Und zu guter Letzt tauchen wir in die Welt der Mixed-Media Folklore Art ein. Die Projekte sollen für dich Inspiration und Anleitung sein, aber dir bleibt gleichzeitig genügend Raum für deine eigene Kreativität. Frei nach dem Motto „alles kann – nichts muss!“. Ich zeige dir außerdem, wie man diese Projekte in Interior- und urbane Szenen integriert.

Nun würde ich sagen: „An die Pinsel – fertig – los!“ Ganz viel Spaß wünsche ich dir bei deiner eigenen Loose Watercolor „Cosy Watercolor“-Reise.

Du möchtest mehr Informationen? Besuche mich doch einfach auf meinen Social-Media-Kanälen. Auf meinem Instagram-Profil @pinsel.yoga gibt es nicht nur Inspirationen, sondern auch wöchentliche #pinselyoga-Livestreams. Diese gemeinsamen Auszeiten mit euch bedeuten mir wahnsinnig viel. Wenn du deine eigenen hyggeligen Motive kreierst, markiere mich gerne auf deinen Bildern oder setze den Hashtag #cosywatercolor. Ich bin schon ganz gespannt auf deine Bilder!

Hier geht es zu den Vorlagen aus dem Buch. Scanne einfach den folgenden QR-Code:

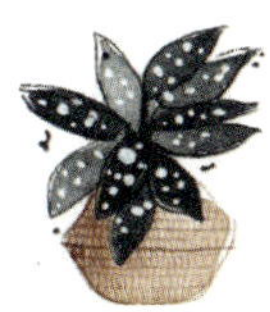

Hier geht es zu den Vorlagen aus dem Buch. Scanne einfach den folgenden QR-Code:

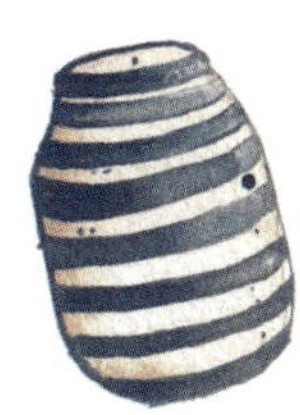

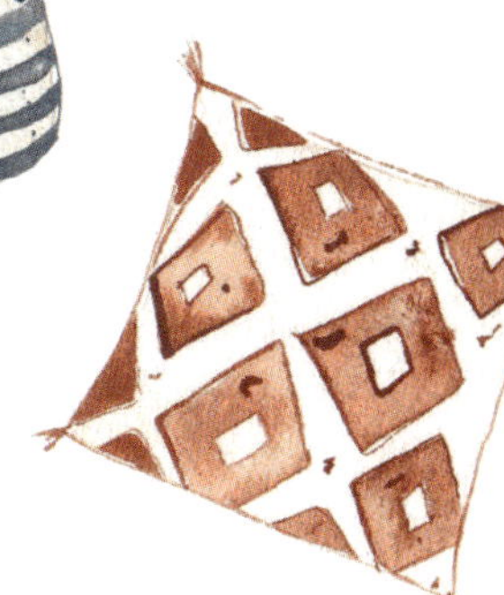

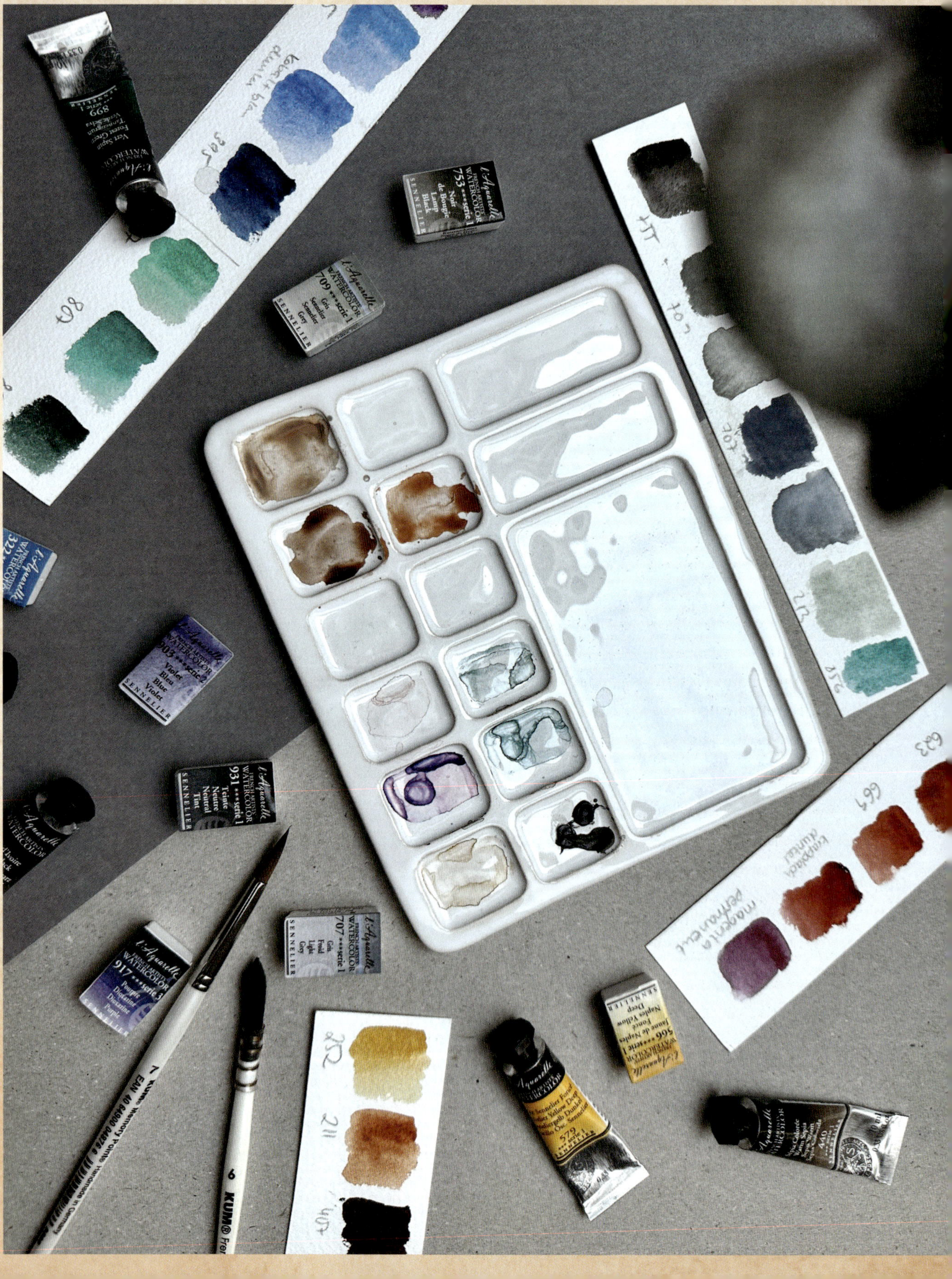
SENNELIER
WATERCOLOR
magenta permanent

Grundlagen

Bevor es im nächsten Kapitel mit den Illustrationen losgeht, möchte ich dir zuallererst meine liebsten Materialien und ein paar nützliche Informationen rund um das Thema Loose Watercolor und Mixed-Media an die Hand geben. Wenn du dich nun fragst, was ich mit Loose Watercolor meine, kann ich es dir kurz erklären. Loose Watercolor ist für mich die moderne Aquarellmalerei bzw. eine Maltechnik, bei der die Farben auf eine lockere, spontane und ungezwungene Art auf das Papier aufgetragen werden. Bei der Technik macht man sich oft einen fließenden und unvorhersehbaren Effekt der Farben auf dem Papier zunutze, der eine gewisse Leichtigkeit und Unbeschwertheit vermitteln soll.

Die Materialauswahl ist bei der Aquarellmalerei geradezu grenzenlos und kann einen gerade am Anfang ziemlich überfordern. Auch ich habe mich zu Beginn oft gefragt: „Brauche ich das alles, um auch so tolle Ergebnisse zu erzielen?“ Definitiv nein. Trotzdem ist das Material ein entscheidender Faktor für den Erfolg deines Kunstwerks. Daher berichte ich dir in diesem Kapitel von meinen Erfahrungen und so einigen Fehlkäufen. Ich hoffe, dass du so vielleicht etwas für dich daraus mitnehmen kannst. Eines möchte ich an dieser Stelle noch mal besonders betonen: Auch wenn ich einige Marken nenne, die ich gerne verwende, so bedeutet das keineswegs, dass nicht andere Marken und Materialien genauso gut geeignet sind. Am Ende bleibt es eben doch zum großen Teil deine persönliche Entscheidung, womit du gerne arbeiten möchtest.

Aquarellfarben

Die Einleitung in den Materialteil starte ich mit den Aquarellfarben– dem Herzstück, um das sich hier alles drehen soll. Ich möchte dir an dieser Stelle vermitteln, was du über den Kauf, die Auswahl und die Verwendung von Aquarellfarben wissen musst. Wir werden uns dabei mit den verschiedenen Arten von Aquarellfarben, ihren Eigenschaften und Unterschieden sowie den besten Techniken und Methoden für ihre Verwendung beschäftigen. Egal, ob Anfänger*in oder bereits fortgeschritten – ich hoffe, dass dieser Materialteil dir bei der Entdeckung deiner liebsten Arbeitsmaterialien und deiner kreativen Reise helfen wird.

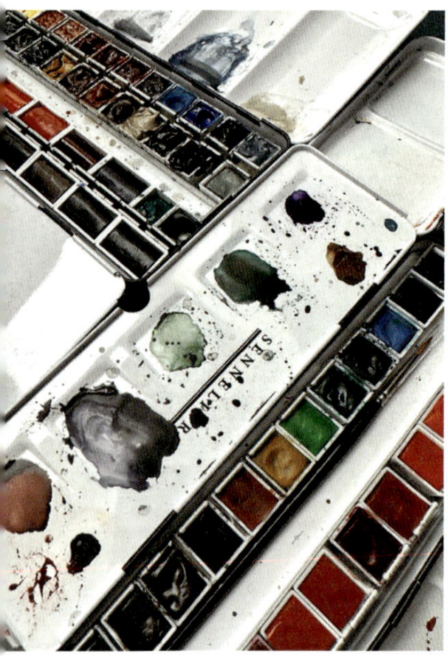

Hersteller

Was Aquarellfarben betrifft, so gibt es hier – wie bei vielen Dingen im Leben – ein großes Angebot verschiedener Hersteller. Jede Marke hat dabei ihre speziellen Eigenschaften und ihre eigenen Vorzüge, und die Wahl hängt jeweils von den individuellen Bedürfnissen und Vorlieben der Künstler*innen ab.

Studien- vs. Künstlerfarben

Aquarellfarben gibt es nahezu in allen Formen und Farben. Unterschiede bestehen dabei nicht nur in der Formulierung (z. B. Näpfchen oder Tube), sondern auch in der Qualität der jeweiligen Farbe. Fast alle namhaften Hersteller bieten sowohl eine Studien- als auch eine Künstlerqualität der Aquarellfarben an. Der Unterschied dabei liegt zum einen in der Qualität der verwendeten Pigmente und zum anderen in der Konzentration der Pigmente der jeweiligen Farbe.

Künstlerfarben zeichnen sich durch hochwertige Pigmente aus, die lichtecht und farbintensiv sind. Diese Pigmente sind in höherer Konzentration in der Farbe enthalten, was zu einer höheren Deckkraft und Farbintensität führt. Deshalb sind diese Farben oft teurer, bieten aber auch höhere Qualität. Aquarellfarben in der Studienqualität enthalten hauptsächlich kostengünstigere Pigmente, die möglicherweise nicht so lichtecht oder intensiv sind. Diese Pigmente sind in der Regel auch in geringerer Konzentration in der Farbe enthalten, was zu einer geringeren Deckkraft und Farbintensität führt. Die Farben in der Studienqualität sind oft günstiger als die Künstlerfarben und eignen sich gut für Anfänger*innen oder für das Üben und Experimentieren. Mein erster Aquarellkasten war zum Beispiel die „12 + 3 Pocketbox“ von Van Gogh, der Studienqualitätsreihe von Royal Talens. Mit dieser Vorauswahl an Farben kam ich eine lange Zeit super aus, bis die Neugier auf mehr mich gepackt hat. Du musst dich also keineswegs sofort mit teurem Material eindecken, denn gerade am Anfang geht es darum, Erfahrungen zu sammeln und das neue Medium zu entdecken.

Pigmentcode

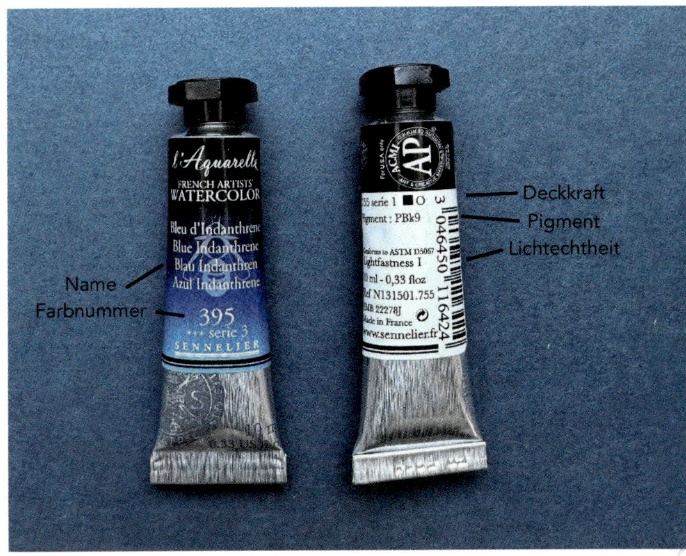

Vielleicht ist dir auf einer Aquarelltube oder auf einem Näpfchen schon einmal ein Pigmentcode wie beispielsweise PB15 ins Auge gesprungen. Der Pigmentcode ist eine Abkürzung, die den Namen des Pigments und seine chemische Zusammensetzung angibt. Es handelt sich um eine standardisierte Kennzeichnung, die entwickelt wurde, um die Identifizierung von Farbpigmenten zu erleichtern.

Der Pigmentcode besteht normalerweise aus einer Kombination aus Buchstaben und Zahlen. Die Buchstaben beschreiben den Farbton des Pigments, die Nummer gibt seine chemische Zusammensetzung an. Zum Beispiel steht das Pigment PB15 (P = pigment, B = blue) für Phthalocyaninblau.

Durch die Verwendung des Pigmentcodes können Künstler*innen leichter Farben identifizieren, die denselben Farbton haben, aber von verschiedenen Herstellern stammen oder auch unterschiedliche Namen tragen können.

Lichtechtheit

Die Lichtechtheit beschreibt die Beständigkeit der Aquarellfarben gegenüber dem Einfluss von Licht und insbesondere von UV-Strahlen. Sie gibt an, wie stark die Farben mit der Zeit verblassen oder wie sehr sie ihre Farbintensität verlieren, wenn sie direktem oder indirektem Licht ausgesetzt sind. Die gängigen Aquarellfarbenhersteller wie Schmincke und Royal Talens geben die Lichtechtheit der Farben beispielsweise mit Sternchen-Symbolen an. Je mehr Sterne eine Farbe hat, desto lichtbeständiger ist sie. Sennelier unterteilt die Lichtechtheit in Kategorien, wie auf dem Beispielbild dargestellt. Aquarellfarben mit einer hohen Lichtechtheit behalten ihre ursprüngliche Farbintensität länger und verblassen weniger schnell als Farben mit geringerer Lichtechtheit. Sie ist daher ein wichtiger Faktor bei der Auswahl von Aquarellfarben, insbesondere wenn das Kunstwerk über einen längeren Zeitraum ausgestellt oder aufbewahrt werden soll. Wenn du die Farben jedoch erst einmal nur zum Üben nutzt, musst du nicht so sehr auf die Lichtbeständigkeit achten. Daher frage dich am besten immer, wofür du die Farben nutzen möchtest.

Deckkraft

Wenn du dir mal ein Farbnäpfchen oder einen Farbkatalog schnappst, fallen dir sicher direkt viele verschiedene Symbole ins Auge. Sie geben dir beispielsweise Auskunft darüber, wie transparent, lichtbeständig und färbend eine Farbe ist. Bei dem Hersteller Schmincke in der Horadam-Reihe oder auch bei Sennelier wird die Transparenzstufe in Quadraten angegeben. Ist das Quadrat nicht ausgefüllt, ist die Farbe besonders transparent. Es gibt beispielsweise Farbtöne, bei denen du dies schon im Namen erkennst, wie bei „Lasurocker". Andere Farbtöne besitzen hingegen eine höhere Deckkraft und zeigen ein halb oder ganz gefülltes Quadrat.

- Transparent: Eine transparente Farbe lässt viel von der darunterliegenden Schicht durchscheinen. Sie wird häufig dafür verwendet, Schichten zu erstellen und sanfte Übergänge zu erzeugen.
- Halbtransparent/halbdeckend: Eine halbtransparente Farbe lässt teilweise die darunterliegende Schicht durchscheinen, während sie gleichzeitig eine gewisse Deckkraft aufweist.
- Eine deckende Farbe deckt die darunterliegende Schicht vollständig ab und ist nahezu undurchsichtig.

Staining

„Staining" bezieht sich auf die Fähigkeit der Aquarellfarben, sich dauerhaft auf dem Papier zu fixieren, nachdem sie aufgetragen wurden. Wenn eine Farbe einen sogenannten Staining-Effekt hat, bedeutet dies, dass sie sich beim Auftragen stark mit dem Papier verbindet und sich nur schwer wieder abwaschen oder entfernen lässt.

Staining-Eigenschaften sind bei einigen Farben, wie beispielsweise Phthalocyaninblau oder Quinacridon-Magenta, besonders ausgeprägt. Andere Farben neigen wiederum dazu, weniger Staining zu zeigen und sich leichter wieder abwaschen zu lassen.

Die Staining-Eigenschaften einer Farbe können für die Künstler*innen von Vorteil sein, wenn sie eine intensive Farbwirkung erzielen oder mehrere Schichten aufbauen möchten. Auf der anderen Seite können sie jedoch auch eine Herausforderung darstellen, wenn man versucht, Korrekturen vorzunehmen oder die Farbe zu entfernen.

Es ist daher wichtig, diese Eigenschaften der Farben zu berücksichtigen und gegebenenfalls eine Farbe zu wählen, die leichter wieder abwaschbar ist, wenn man Fehler vermeiden oder experimentieren möchte.

Näpfchen vs. Tuben

Aquarellfarben kannst du entweder abgefüllt in Näpfchen oder Tuben kaufen. Natürlich gibt es noch einige wenige Sonderformen, wie beispielsweise abgefüllt in Fläschchen, Stiften oder getrocknet auf Papier. Ich bin damals mit halben Aquarellnäpfchen gestartet und bis heute zum Großteil dabei geblieben. So kannst du die Farben ganz leicht mit etwas Wasser anlösen und direkt loslegen. In einem kleinen Aquarellkasten lassen sich die Farben dann super verstauen, sodass du sie auch mal mit in den Urlaub nehmen kannst.

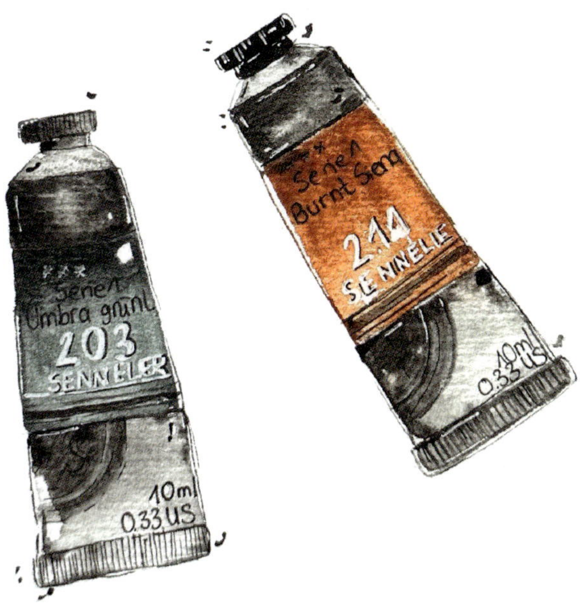

Wenn einmal eine Lieblingsfarbe von mir aufgebraucht ist, kaufe ich oft eine Tube nach und fülle sie selbst wieder auf. Es gibt aber auch Künstler*innen, die die Farben direkt aus der Tube verwenden. Ich nehme beispielsweise die Aquarellfarben von Sennelier total gerne direkt aus der Tube, da sie so schön cremig sind. Das habe ich zuvor bei keinem anderen Hersteller so erlebt.

Granulierende Farben

Granulierende Aquarellfarben haben die Eigenschaft, beim Trocknen auf dem Papier eine körnige Struktur zu erzeugen. Diese Körnung entsteht durch das Zusammenwirken von Pigmenten und Wasser auf der Oberfläche des Papiers, wenn sich das Wasser während des Trocknens zurückzieht und das Pigment auf dem Papier verteilt. Falls du noch nie etwas davon gehört hast, sei beruhigt. Ich wusste auch lange Zeit nicht, dass es solche Farben gibt und was es überhaupt mit ihnen auf sich hat. Da ich diese Art von Farben und Pigmenten jedoch superspannend finde, möchte ich sie dir hier gerne einmal vorstellen. Dieser Granulationseffekt tritt vor allem auf, wenn viel Wasser verwendet wird.

Granulierende Farben sind oft erdige oder mineralische Farbtöne wie Ocker, Siena oder Umber, da diese Pigmente eine ungleichmäßige Partikelgröße haben und sich somit leichter ablagern können. Aber auch einige leuchtende Farben wie Phthalocyaninblau oder Permanent-Grün können granulieren, je nachdem wie sie hergestellt wurden.

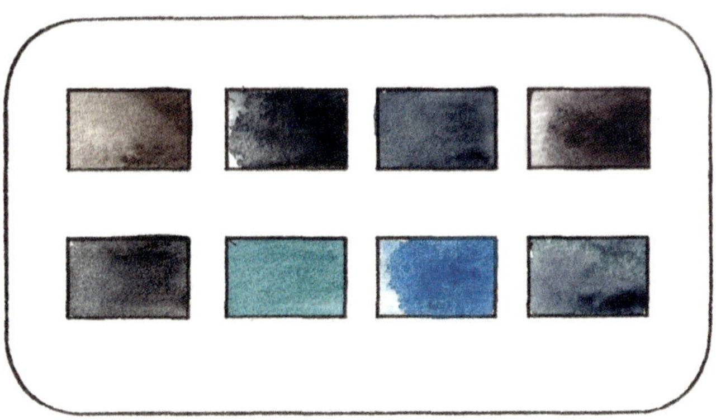

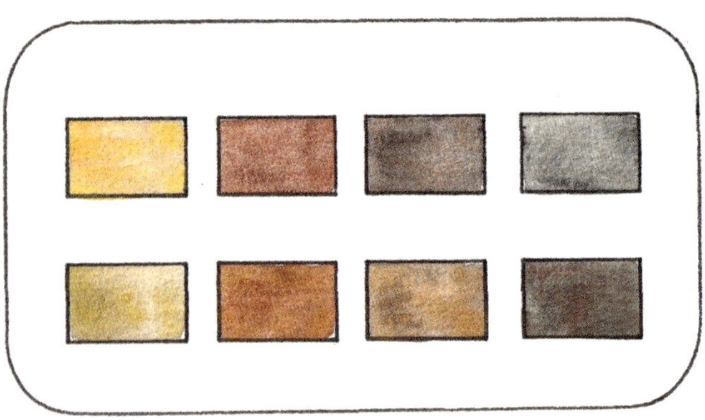

Granulierende Farbtöne findest du in den Standardsortimenten der verschiedenen Hersteller. Diese Farbtöne sind meistens durch ein G gekennzeichnet.

Granulierende Aquarellfarben können eine einzigartige Textur und optische Wirkung erzeugen, die dem Bild eine zusätzliche Dimension verleiht. Sie eignen sich besonders gut für Landschaften oder natürliche Motive.

Supergranulierende Farben

Supergranulierende Farben sind Aquarellfarben, die im Vergleich zu normal granulierenden Farben eine besonders ausgeprägte Körnung aufweisen. Sie enthalten eine Mischung aus mehreren granulierenden Pigmenten mit einer sehr unregelmäßigen Partikelgröße, die eine starke Ablagerung auf dem Papier ermöglichen. Ein Beispiel hierfür sind die supergranulierenden Farbeditionen aus der Schmincke Horadam-Reihe.

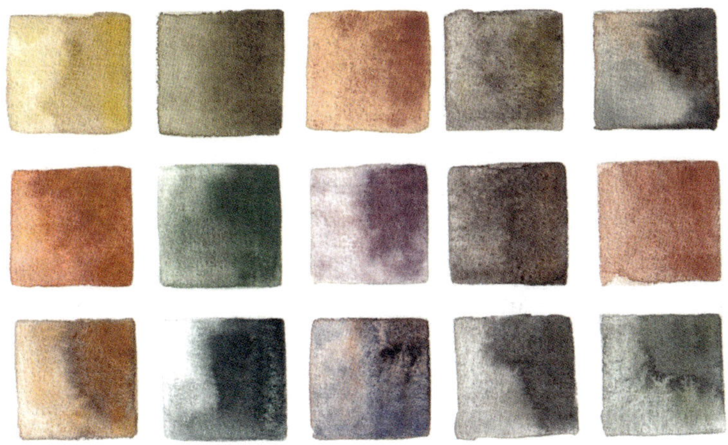

Supergranulierende Farben können für eine sehr interessante Textur sorgen und eine außergewöhnliche Wirkung erzielen, da sie in der Lage sind, selbst auf glattem Papier eine auffällige Körnung zu erzeugen.

Es ist jedoch zu beachten, dass supergranulierende Farben möglicherweise nicht für alle Maltechniken oder Motive geeignet sind, da sie die Farbwirkung eines Bildes beeinflussen und in einigen Fällen zu übertrieben oder unordentlich wirken könnten. Deshalb ist es von Vorteil, sie bewusst und gezielt einzusetzen und sich mit den verschiedenen Techniken und Materialien vertraut zu machen, um das bestmögliche Ergebnis zu erhalten. Teste doch ruhig einmal verschiedene granulierende und supergranulierende Farben von unterschiedlichen Herstellern und suche dir dabei deine Favoriten zusammen. Ich mag diese Art von Farben total gerne, da sie einen so besonderen und natürlichen Farbauftrag bieten. Dabei kombiniere ich sie aber stets mit herkömmlichen Aquarellfarben, um ein ausgewogenes Ergebnis zu erzielen.

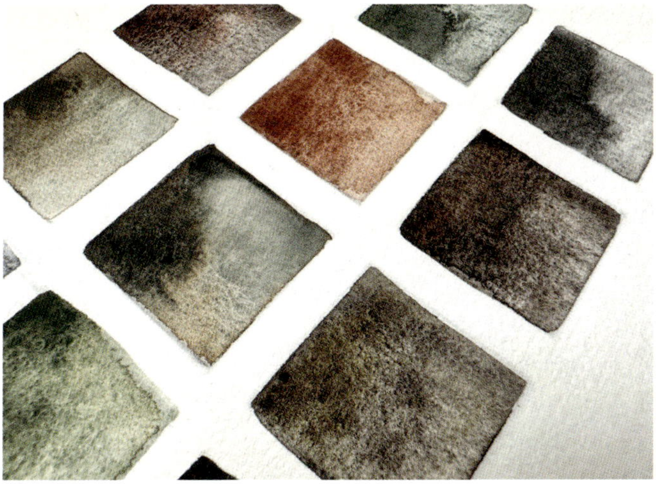

Aquarellpapier

Die Wahl deines Aquarellpapiers ist entscheidend für deinen Erfolg und das Ergebnis. Dabei solltest du auch unbedingt echtes Aquarellpapier verwenden, denn mit normalem Zeichen- oder sogar Kopierpapier könntest du schnell die Freude am Aquarellieren verlieren. Aquarellpapier ist speziell für die Verwendung mit Aquarellfarben konzipiert und hat einige Besonderheiten, die es von normalem Papier unterscheiden, wie beispielsweise die Saugfähigkeit, die Textur und die Papierstärke.

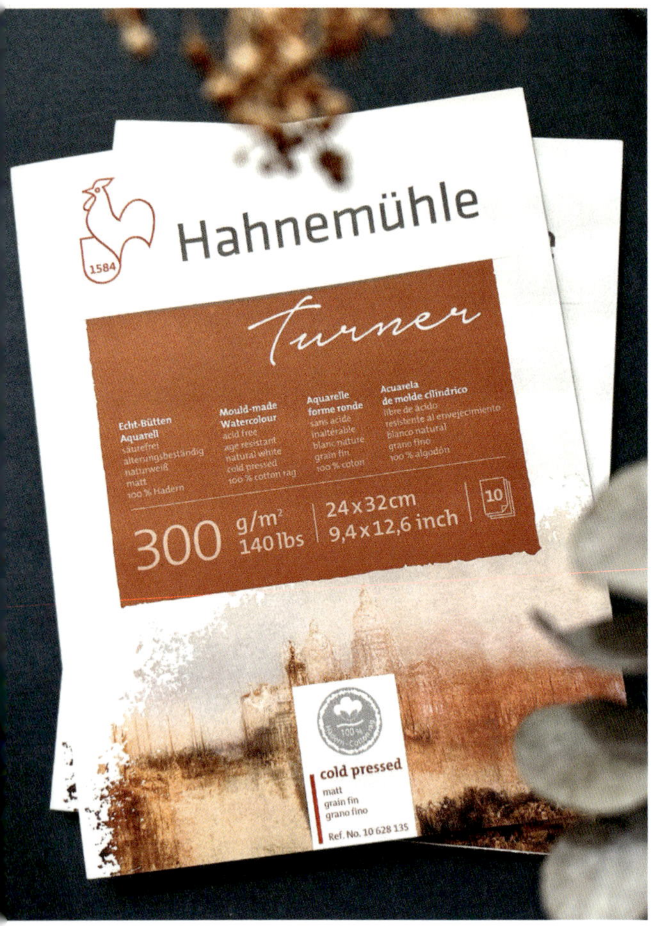

Meine absolute Empfehlung für den Start sind Aquarellblöcke, die verschiedene Papiersorten vereinen, wie zum Beispiel der Selection Aquarellblock von Hahnemühle.

Papierstärke

Damit sind wir schon beim ersten Kriterium, das für mich entscheidend für die Papierauswahl ist – die Papierstärke. Sie wird auch als Grammatur bezeichnet und ist ein wichtiger Faktor bei der Auswahl von Aquarellpapier. Sie gibt an, wie dick das Papier ist und wie viel Feuchtigkeit es aufnehmen kann, ohne sich zu verziehen oder zu wellen. Die Grammatur bezeichnet das Gewicht des Papiers pro Quadratmeter und wird in Gramm pro Quadratmeter (g/m^2) angegeben. Je höher die Grammatur, desto dicker und schwerer ist das Papier.

Da bei Loose Watercolor oftmals viel Wasser verwendet wird, greife ich grundsätzlich zu einer Papierstärke von mindestens 300 g/m^2. Zu dünnes Aquarellpapier kann sich schnell wellen (z. B. 200 g/m^2 und weniger). Es gibt aber auch noch dickeres Papier. Dieses verwende ich gerne für großflächige, wasserreiche Illustrationen – ist aber absolut kein Muss.

Allerdings ist es auch wichtig zu beachten, dass die Grammatur allein nicht immer ein zuverlässiger Indikator für die Qualität eines Aquarellpapiers ist. Es gibt noch andere Faktoren wie Textur und Papiermaterial, die bei der Auswahl von Aquarellpapier berücksichtigt werden sollten.

Oberflächenbeschaffenheit

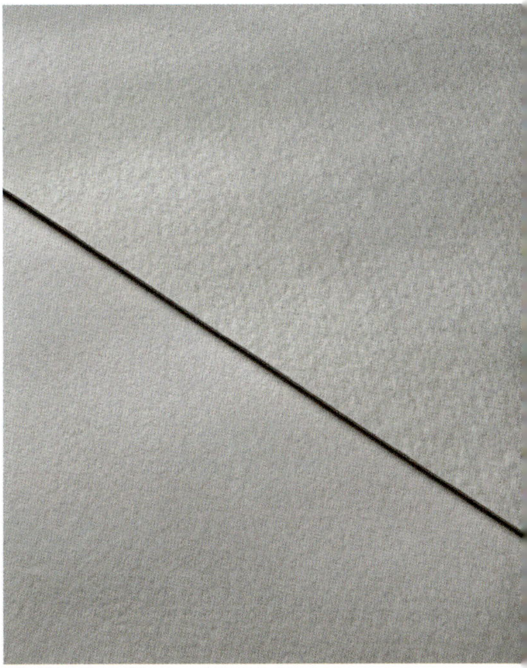

Hot Pressed Papier: Dieses Papier hat eine glatte Oberfläche und ist am besten für feine Details und präzise Linien geeignet. Es ist weniger saugfähig als andere Arten von Aquarellpapier und erfordert daher weniger Wasser, um Farben zu mischen. Ich nutze es besonders, wenn ich Aquarellillustrationen beispielsweise mit einem Lettering kombinieren möchte. Mit der glatten Papieroberfläche schonst du nämlich deine Brushpens.

Cold Pressed Papier: Dieses Papier hat eine raue, texturierte Oberfläche und ist am vielseitigsten. Es eignet sich gut für eine Vielzahl von Techniken, von feinen Details bis hin zu breiteren Pinselstrichen. Es ist auch ziemlich saugfähig, was bedeutet, dass es mehr Wasser aufnehmen kann, um Farben zu mischen und Verläufe zu erzeugen. Oft wird es auch als mattes Aquarellpapier beworben.

Raues Papier: Dieses Papier hat eine sehr raue und ungleichmäßige Oberfläche. Es ist am besten für sehr lockere Aquarelltechniken geeignet, bei denen eine unvorhersehbare Textur erwünscht ist. Es ist auch sehr saugfähig und kann viel Wasser aufnehmen, was es sehr passend für Nass-in-Nass-Techniken macht.

Handgeschöpftes Papier: Dieses Papier wird in der Regel aus Baumwoll- oder Hanffasern hergestellt und hat eine unregelmäßige Kante. Es ist in der Regel teurer als andere Arten von Aquarellpapier, zeichnet sich jedoch durch eine einzigartige Textur und eine höhere Qualität aus.

Material

Zu guter Letzt gibt es noch weitere Materialien, wie zum Beispiel Cellulose, Hadern, Baumwolle und Bambus, die dir zur Auswahl stehen.

Aquarellpapier kann aus verschiedenen Materialien hergestellt werden, die bekanntesten sind aber in der Regel Zellstoff (Cellulose) oder Baumwolle. Aquarellpapier aus Baumwolle ist in der Regel teurer als solches aus Zellstoff, aber es ist wiederum auch von höherer Qualität. Es hält das Wasser im Vergleich besser, was für die Aquarellmalerei ein großer Vorteil ist. Es gibt auch einige Aquarellpapiere, die aus Mischungen aus Baumwolle und Zellstoff hergestellt werden. Diese bieten oft eine gute Balance zwischen Qualität und Preis.

Am besten probierst du auch hier die verschiedenen Materialien aus. Ich persönlich nutze gerne ein günstiges Papier zum Üben und Testen und ein gutes Baumwollpapier für aufwendigere Illustrationen. Gerade wenn man mit viel Wasser arbeitet, beispielsweise bei der Nass-in-Nass-Technik, ist Baumwollpapier zu empfehlen. Dabei wäre es auch von Vorteil, wenn der Block vierseitig geleimt ist, da er sich auf diese Weise nicht so stark verzieht oder wellt.

Aquarellpapier aus Hadern (auch Büttenpapier genannt) zeichnet sich durch seine hohe Qualität und Haltbarkeit aus. Es wird aus Lumpen oder Stoffresten hergestellt und enthält keine Holzfasern wie herkömmliches Aquarellpapier. Dies macht es resistenter gegen Alterung und Verfärbung. Aquarellpapier aus Hadern hat in der Regel auch eine raue, ungleichmäßige Oberfläche, die der Aquarellfarbe eine besondere Struktur und Tiefe verleiht. Es ist jedoch teurer als herkömmliches Aquarellpapier, kann aber aufgrund seiner hohen Qualität und Haltbarkeit eine gute Wahl für professionelle Künstler*innen sein, die auf der Suche nach einem hochwertigen Papier sind, das ihre Arbeit lange Zeit erhalten kann.

Aquarellpapier aus Bambus ist eine Art von Aquarellpapier auf der Basis von Bambusfasern. Es wird oft als umweltfreundliche Alternative zu herkömmlichem Aquarellpapier angesehen, da es aus einer schnell wachsenden, nachhaltigen Ressource hergestellt wird. Bambus-Aquarellpapier hat in der Regel eine glattere Oberfläche und eignet sich für die Aquarellmalerei, da es das Wasser gut aufnimmt und die Farben gut zur Geltung bringt. Bambus-Aquarellpapier ist in der Regel etwas teurer als herkömmliches Aquarellpapier, stellt aber eine gute Wahl für umweltbewusste Künstler*innen dar.

An dieser Stelle möchte ich dir einmal meine drei Aquarellpapier-Favoriten vorstellen:

- Hahnemühle Turner Papier
  Dieses Papier ist mein allerliebstes Aquarellpapier – mein Sonntagspapier sozusagen. Es hat eine Grammatur von 300 g/m² und eine matte Oberfläche. Es besteht aus 100 % Baumwolle und erzeugt dadurch wunderbare Verläufe der Aquarellfarben auf dem Aquarellpapier. Außerdem ist es säurefrei und alterungsbeständig, was bedeutet, dass es im Laufe der Zeit nicht vergilbt oder brüchig wird. Es ist aber auch eher höherpreisig, weswegen ich dir noch weitere gute Alternativen vorstellen möchte.
- Hahnemühle Expression
  Dieses Papier ist ebenfalls aus 100 % Baumwolle gefertigt, jedoch kostengünstiger als das Turner Papier. Daher nutze ich es auch häufiger – vor allem für Übungen. Auch dieses Papier weist eine Grammatur von 300 g/m² auf und ist säurefrei und alterungsbeständig.
- Canson Montval
  Mit diesem Aquarellpapier habe ich damals meine Aquarellreise begonnen und mag es bis heute sehr gern. Es ist ebenfalls matt, mit einer Grammatur von 300 g/m² und wird aus Zellstoff gefertigt. Das Canson Montval Aquarellpapier hat eine glatte Oberfläche und ist preisgünstiger als Aquarellpapier aus Baumwolle oder Hadern. Dabei ist es ebenfalls säurefrei und alterungsbeständig. Ich finde es sehr gut geeignet für Anfänger*innen, da es nicht so stark strukturiert ist und sich die Aquarellfarben super wieder anlösen lassen.

Aquarellpinsel

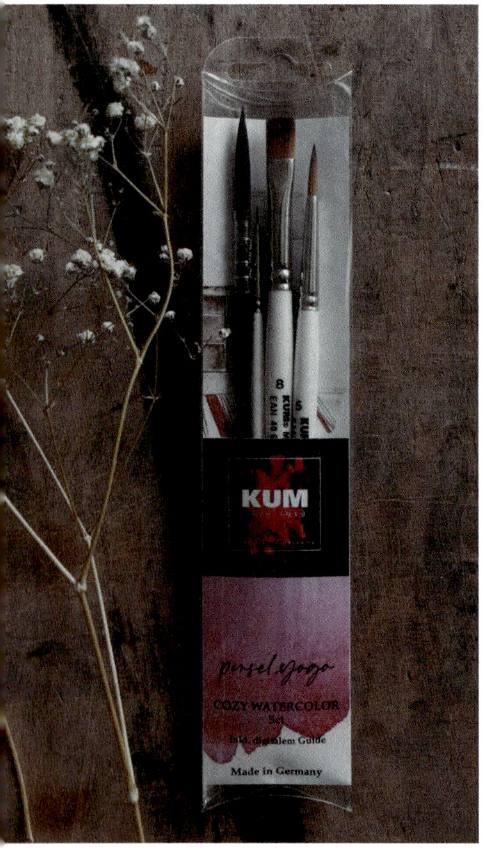

Aquarellpinsel gibt es in nahezu allen erdenklichen Formen und Größen. Auch hier kann einen die große Auswahl schnell überfordern. Daher möchte ich dir in diesem Abschnitt etwas über die verschiedensten Pinselmaterialien und -formen verraten und dir Anwendungstipps an die Hand geben. Ich habe tatsächlich alle Motive in diesem Buch mit meinen vier liebsten Aquarellpinseln umgesetzt, die du als dazugehöriges Pinselset kaufen kannst. So hast du die perfekte Ergänzung zu den Motiven in diesem Buch. Mehr braucht es meiner Meinung nach nicht.

Pinselhaare

Aquarellpinsel gibt es mit Pinselhaaren sowohl aus Echthaar- als auch aus Synthetikfasern. Für eine lange Zeit galt der Echthaarpinsel als hochwertige und gleichzeitig auch kostspielige Alternative. Doch der Synthetikpinsel – oder zumindest einige von ihnen – haben das Feld von hinten aufgeräumt. Ich persönlich bin direkt mit synthetischen Pinseln gestartet und bin mit diesen auch vollkommen zufrieden, aber auch unter ihnen gibt es einige (qualitative) Unterschiede.

Pinselpflege

Damit du möglichst lange etwas von deinen Aquarellpinseln hast, würde ich dir empfehlen, diese auf keinen Fall über Kopf im Wasserglas stehen zu lassen. Das sehe ich immer wieder in meinen Workshops. Jedoch führt das dazu, dass sich die Pinselhaare verformen und die Verklebung gelöst wird. So fallen deinem Pinsel nach und nach die Haare aus.

Nach einer erfolgreichen Malsession spüle ich die Pinsel lieber in klarem Wasser aus und lasse sie horizontal liegend trocknen. So kann kein Wasser in die Klebestellen laufen. Je nach Pinsel, kannst du die Haare noch in Form streichen. Wenn du deinen Pinseln etwas besonders Gutes tun möchtest, kannst du sie ab und an auch mit Pinselseife reinigen. Das würde ich dir vor allem empfehlen, wenn du häufiger mit Gouache arbeitest.

Pinselformen

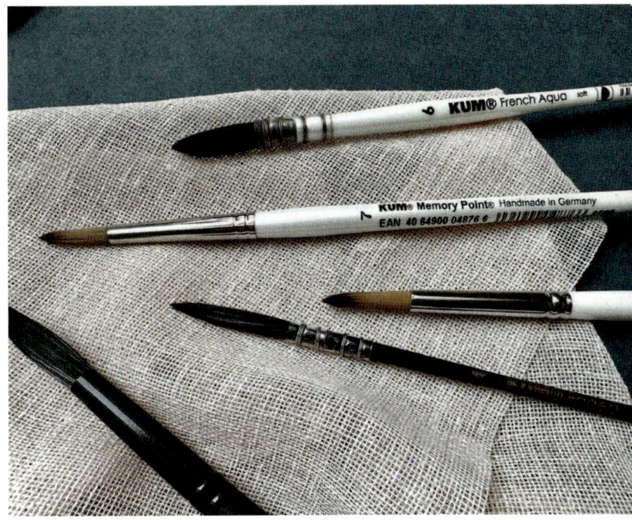

Es gibt die verschiedensten Pinselformen, die ich dir hier einmal vorstellen möchte.

Rundpinsel

Mein absoluter Pinselfavorit sind Rundpinsel. Auf sie könnte ich wirklich nicht mehr verzichten. Rundpinsel haben eine zu einem Punkt zusammenlaufende „pointierte" Spitze. Ich mag sie deshalb so sehr, weil sie sowohl breite als auch sehr feine Pinselstriche ermöglichen.

Die Pinselgröße wird normalerweise in Zahlen angegeben, wobei kleinere Zahlen für kleinere Pinsel und größere Zahlen für größere Pinsel stehen. Der Unterschied zwischen einzelnen Größen ist dabei oftmals nicht allzu groß, deshalb reichen einige wenige Pinsel aus. Meine Empfehlung gebe ich dir nach den unterschiedlichen Pinselformen an die Hand. Ich verwende beispielsweise sehr gerne Rundpinsel aus den verschiedensten Produktreihen (z. B. KUM Memory Point und Faded). Diese Pinsel unterscheiden sich hauptsächlich in der Flexibilität und Wasseraufnahmefähigkeit. Probiere da am besten mal verschiedene aus, denn eine hohe Formstabilität gibt am Anfang viel Sicherheit. Die Memory Point Pinsel sind zum Beispiel sehr formstabil und springen schnell in ihre ursprüngliche Form zurück, wohingegen die Faded Pinsel etwas lockerer sind und stärker nachgeben.

Flachpinsel

Im Vergleich zu den Rundpinseln haben Flachpinsel eine flache, rechteckige Spitze mit langen, geraden Borsten. Flachpinsel werden oft dafür verwendet, Farben auf größere Flächen aufzutragen sowie gerade Linien und scharfe Kanten zu erstellen.

Flachpinsel sind auch in verschiedenen Größen erhältlich und können je nach Größe entweder für breite oder schmale Linien verwendet werden.

Während Rundpinsel ideal für feine Details und das Erstellen von Verläufen und Konturen sind, sind Flachpinsel besser für größere Flächen und gleichmäßige Farbaufträge geeignet.

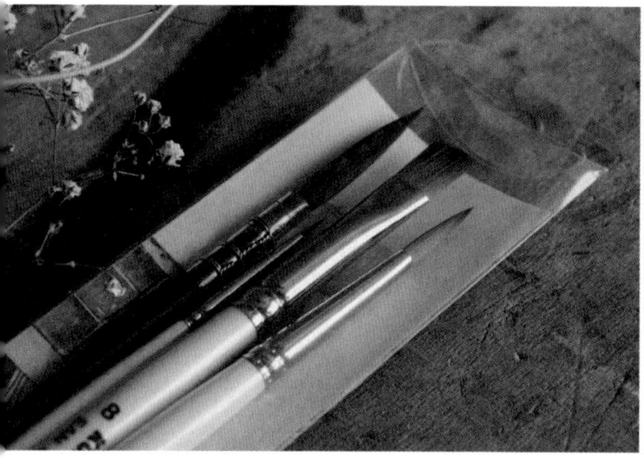

Ich finde Flachpinsel besonders spannend für urbane Illustrationen und nutze sie hierbei gerne für Backsteine oder auch für Fensterfronten.

Verwaschpinsel

Verwaschpinsel sind oftmals deutlich größer und voluminöser im Vergleich zu den eben genannten Rundpinseln. Charakteristisch für diese Pinsel ist die französische Bindung. Sie haben normalerweise eine flache, breite Form und weiche, feine Borsten, die es ermöglichen, Farben so aufzutragen, dass schöne weiche Übergänge und sanfte Verläufe entstehen. Durch die weiche und flexible Spitze kann der Verwaschpinsel dabei sehr viel Wasser und Farbe aufnehmen. Daher rührt auch sein Name „Verwaschpinsel". Durch die flexiblen Pinselhaare ist dieser Pinsel nicht so leicht kontrollierbar, was meiner Meinung nach seinen gewissen Charme ausmacht. Ich nutze ihn am liebsten, um Hintergründe zu kolorieren oder für abstraktere Motive.

Schlepperpinsel

Vielleicht hast du ja schon einmal etwas von Schlepperpinseln gehört und dich gefragt, was dies für besondere Pinsel sind. Sie zeichnen sich durch eine lange, schmale Form aus mit Pinselhaaren, die am Ende zugespitzt sind. Dadurch ist der Schlepperpinsel in der Lage, viel mehr Farbe zu halten als ein normaler Rundpinsel. Für feine Details und filigrane Linien liebe ich ihn daher sehr, denn mit ihm musst du nicht so oft neue Farbe nachnehmen. Der filigrane Schlepperpinsel ist daher das Pendant zu einem feinen Rundpinsel für mich geworden, da er auch meistens etwas länger bei mir überlebt und nicht allzu schnell ausfranst.

Vielleicht hast du aber auch schon mal von einem Schlepperpinsel-Verwaschpinsel gehört. Dieser Pinseltyp ist ein Hybrid aus beiden Pinselformen, der sehr lange, aber auch viele und vor allem flexible Pinselhaare aufweist. Dadurch ist er nochmals schwerer zu kontrollieren als der „herkömmliche" kürzere Verwaschpinsel.

Schwertpinsel

Mithilfe der sogenannten Schwertpinsel kannst du sowohl großflächig als auch etwas detaillierter malen. Der Schwertpinsel zeichnet sich durch eine lange, aber gleichzeitig flache, breite Form aus, die an ein Schwert erinnert. Zur Pinselspitze verlaufen die Pinselhaare angeschrägt zu.

Pinselauswahl

Faded Schlepper Verwaschpinsel: eignet sich besonders für Hintergründe und größere und locker gemalte Flächen im Motiv. Durch seine langen, fluffigen und üppigen Pinselhaare nimmt er viel Wasser auf und ist toll für Loose-Watercolor-Motive.

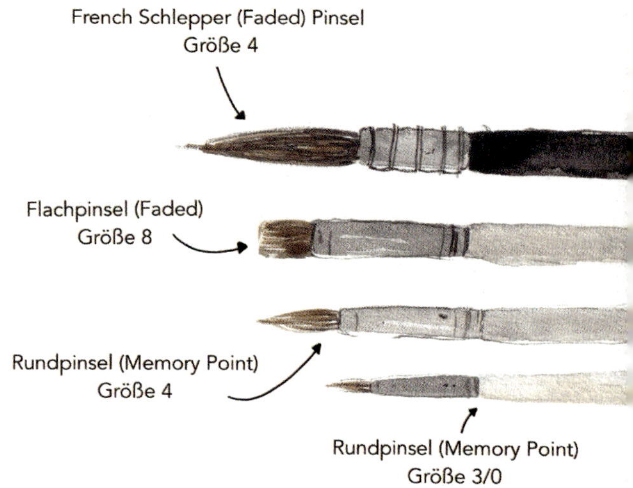

Der 8er-Flachpinsel der Faded-Reihe ist mein Allrounder für alle Interior und urbanen Motive. Durch die flache Form kannst du wunderbar flächig und gleichmäßig Farbe auftragen.

Der 4er-Rundpinsel aus der Memorypoint-Reihe ist meine Geheimwaffe für alle Motive. Durch die mittlere Größe lassen sich wunderbar sowohl größere als auch kleinere Motive mit dem Pinsel umsetzen.

Der 3/0er-Rundpinsel aus der Memorypoint-Reihe ist der Detailpinsel im Set. Mit seiner superfeinen Spitze eignet er sich hervorragend für kleine und präzise Details, die in vielen Illustrationen zu finden sind.

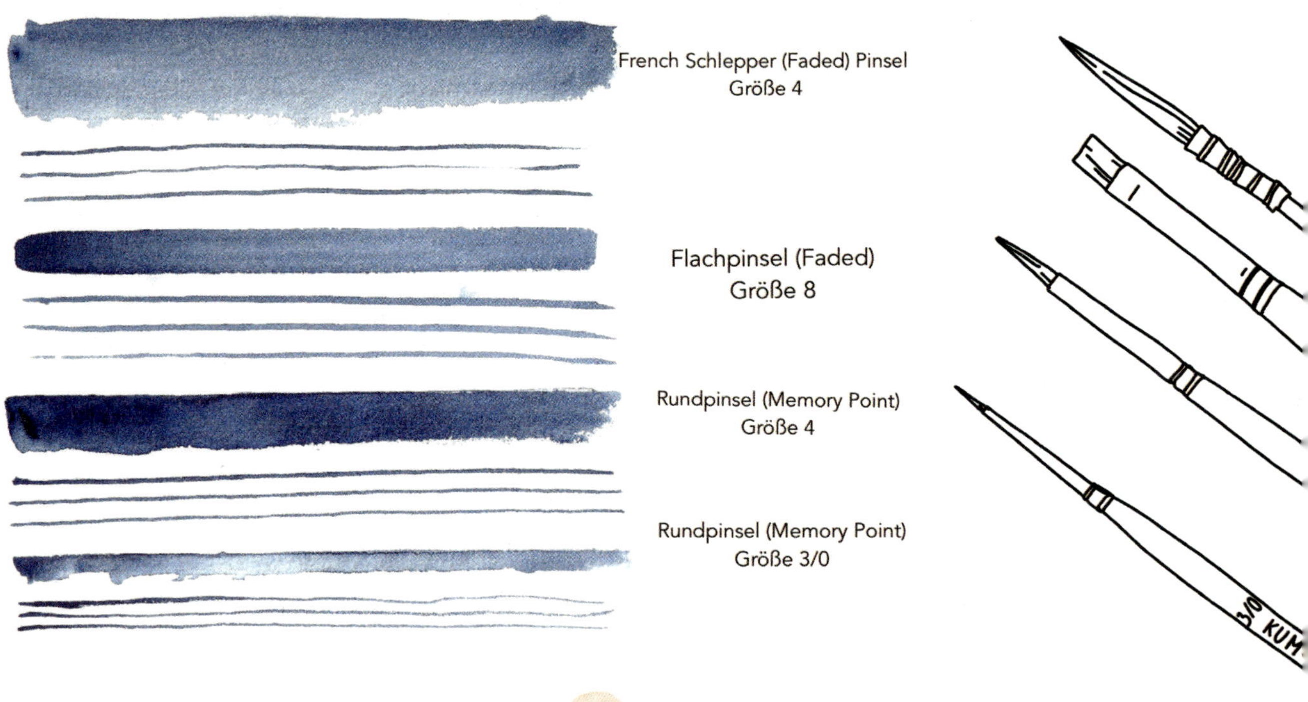

Pinselhaltung

Jetzt hast du bereits eine Menge über die verschiedenen Pinselformen wie Rund-, Flach- und Schlepperpinsel gelernt. Doch nicht nur die unterschiedlich geformten Pinselhaare sind wichtig, sondern es macht auch einen großen Unterschied, wie du den jeweiligen Pinsel einsetzt.

Dabei kannst du zum Beispiel nur die Pinselspitze einsetzen. So lassen sich am besten ganz feine Linien und Details malen. Malst du eher mit dem Pinselbauch, kannst du im Gegensatz viel flächiger und lockerer arbeiten. Dabei kannst du den Pinsel über deine Haltung und den jeweiligen Druck steuern. Wenn ich eher mit der Pinselspitze male, halte ich den Pinsel senkrecht in einem 90°-Winkel zum Papier. Dabei gebe ich möglichst wenig Druck auf den Pinsel. Möchte ich die Pinselfläche ausnutzen, halte ich den Pinsel eher flach zum Papier, beispielsweise in einem 45°-Winkel. Dabei kannst du auch gerne mehr Druck auf den Pinsel aufgeben, je nachdem, wie flächig du gerne malen möchtest. Um das Ganze zu veranschaulichen, habe ich dir hier einmal beispielhaft diese Übung mit dem 8er-Flachpinsel aufgemalt:

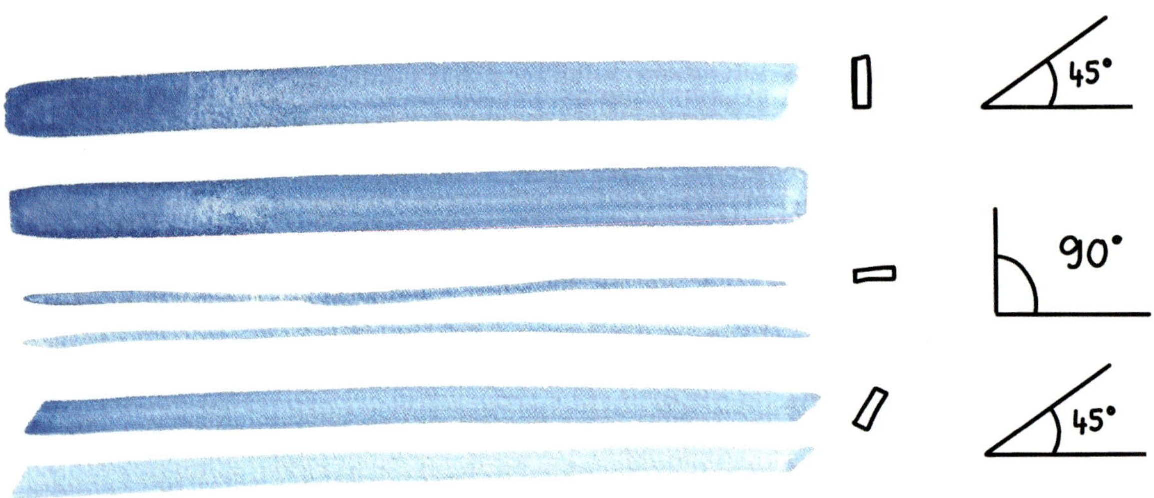

Vielleicht kennst du die nächste Übung schon, wenn du bereits mit dem Handlettering vertraut bist, denn hierbei nutzt man auch die ganze Fläche und die Pinselspitze abwechselnd und erzeugt dadurch ein Wellenmuster. Während du mit dem Pinsel eine Wellenbewegung ausführst, übst du im Aufstrich möglichst wenig Druck auf den Pinsel aus. So kannst du ganz feine Linien ziehen. Beim Abwärtsstrich legst du mehr Druck auf den Pinsel, wodurch dieser sich auffächert. So entsteht das schöne Wechselspiel von dicken und dünnen Pinselstrichen. Hierfür kannst du jeden Pinsel verwenden. Für dieses Bild habe ich dabei einen Rundpinsel in der Größe 2 herangenommen.

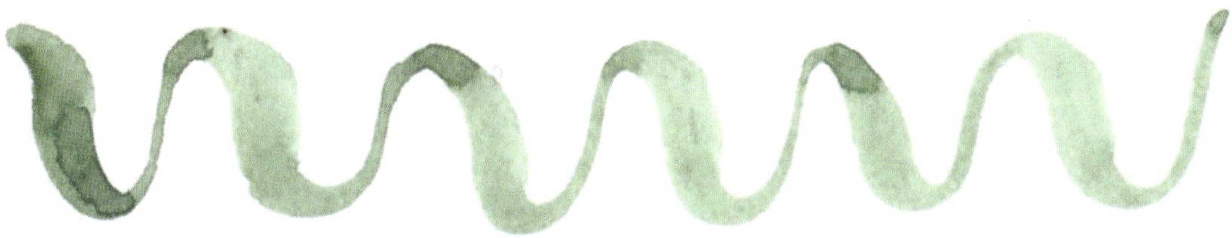

Eine weitere Pinselübung kannst du durchführen, indem du den Pinsel mit viel Druck von oben nach unten über das Papier ziehst. So entsteht ein breiter Pinselstrich, da der Pinsel mit seiner gesamten Fläche aufliegt.

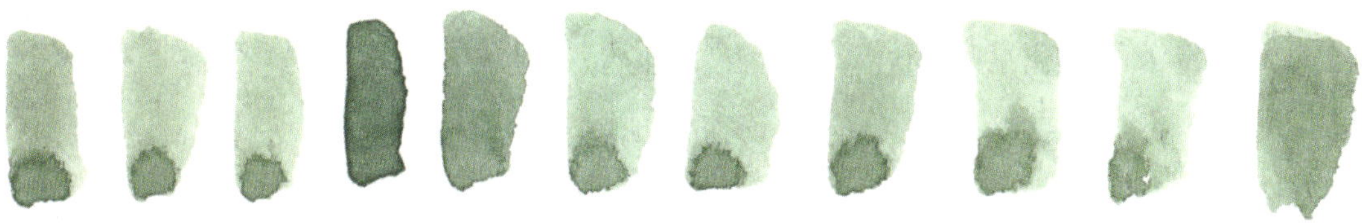

Feine Linien kannst du hingegen erreichen, indem du den Pinsel mit sehr wenig Druck über das Papier bewegst. Halte den Pinsel dabei möglichst senkrecht. Ich ziehe den Pinsel auch gerne von unten nach oben – die Richtung ist aber typabhängig und mag für dich auch ebenso gut genau anders herum funktionieren.

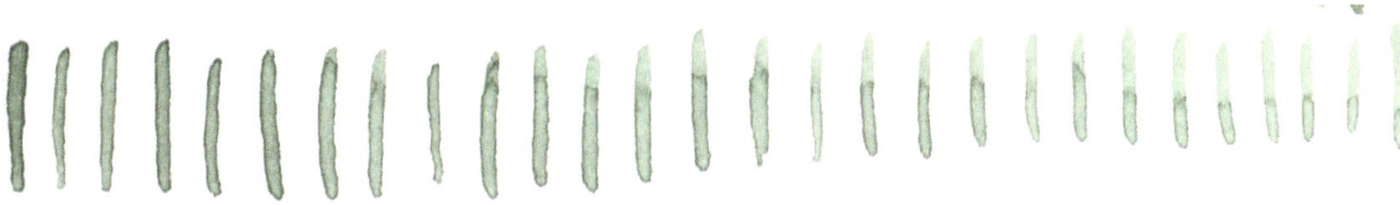

Hilfsmittel

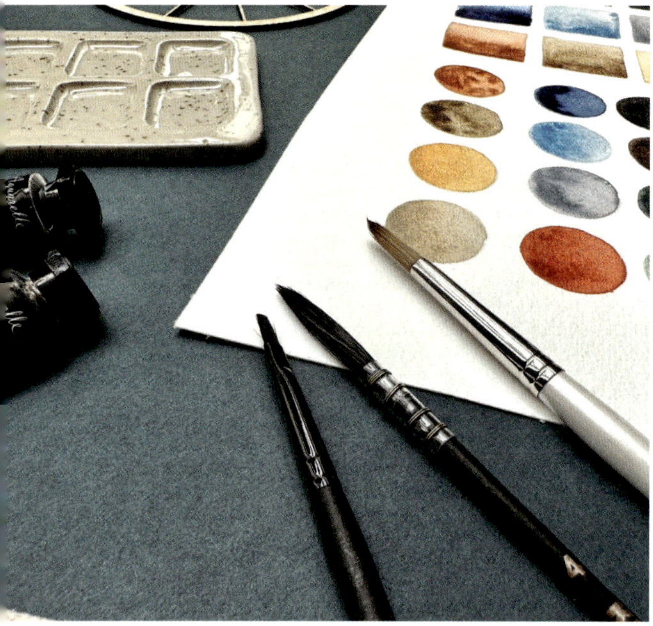

Mischpaletten

Bei der Aquarellmalerei ist das Farb-/Wasserverhältnis ein entscheidender Faktor. Daher habe ich mir angewöhnt, Mischpaletten zum Anmischen der Farben zu verwenden. Diese gibt es in allen möglichen Formen und Farben – aus Plastik, Keramik, Metall oder auch direkt in deinen Aquarellkasten integriert. Ich finde Mischpaletten aus Keramik besonders schön – am liebsten handgefertigt. Diese bekomme ich von meinem Hersteller des Vertrauens meistens auf Etsy. Zwei wundervolle Shops, die du dir gerne einmal anschauen kannst, sind beispielsweise: @damn.fine.ceramics und @patricia_invernon. Diese sind auch auf Instagram vertreten.

Wassergläser

Neben einer Mischpalette verwende ich beim Malen auch gerne zwei verschiedene Wassergläser: Eines nutze ich für den groben Schmutz und ein weiteres für sauberes, klares Wasser. Einige Künstler*innen teilen ihre Wassergläser auch in warme und kalte Farbtöne auf. Egal, wie du es machst, zwei Wassergläser helfen dir dabei, dass die Farben schön strahlend bleiben, und sie verhindern, dass sie schmutzig oder dumpf wirken.

Bleistift

Für die Vorzeichnungen und Skizzen meiner Illustrationen nutze ich am liebsten wasserlösliche Aquarellbleistifte (HB oder weicher) oder auch hellere Buntstifte. Wenn du mit Aquarellfarben darübermalst, lösen sie sich nahezu komplett vom Papier, sodass deine Vorzeichnung am Ende nicht mehr zu sehen ist. Nutzt du einen normalen Bleistift, empfehle ich dir einen weicheren, der sich nicht so sehr in das Papier eingraviert. Bevor du mit Aquarellfarben loslegst, ist es auch sinnvoll, die Skizze etwas heller zu radieren. Denn sobald du mit der Aquarellfarbe über die Skizze malst, lässt sie sich nicht mehr gut mit dem Radiergummi entfernen.

Radiergummi

Ich verwende am liebsten einen Knetradiergummi für meine Aquarellillustrationen. Diese sind besonders sanft zum Papier und hinterlassen keine Radiergummifusseln.

Maskierflüssigkeit

Maskierflüssigkeit oder Masking Fluid – auch bekannt als Rubbelkrepp – ist eine Flüssigkeit, die dein Papier kurzzeitig vor Farbe schützt. Du kannst dir das wie einen Film vorstellen, den du mit dem Pinsel auf dein Papier aufbringst. Hierfür empfehle ich dir, einen alten Pinsel zu nutzen. Überall dort, wo du das Rubbelkrepp aufgetragen hast, kann das Papier keine Farbe mehr aufnehmen. Nach dem Malen kann das Masking Fluid rückstandsfrei entfernt werden. Dabei sollte deine Illustration gut durchgetrocknet sein.

Fineliner, Gel- & Buntstifte

Ich verwende in meinen Illustrationen total gerne Fineliner und diverse Buntstifte, um kleine Details und auch Schatten zu ergänzen. Die Stifte erleichtern dir gerade bei kleineren Illustrationen das Malen an kniffligen Stellen. Auch toll sind dabei Highlights, die du gut mit einem weißen Gelstift ergänzen kannst.

Klebeband

Klebeband oder Malerkrepp ist aus verschiedenen Gründen ein super Hilfsmittel für deine Aquarellmalerei. Hiermit kannst du dein Aquarellpapier zum Beispiel während des Malens wunderbar auf dem Tisch fixieren, sodass es sich in Verbindung mit dem Wasser nicht so stark wellt. Du kannst es aber auch sehr gut dafür nutzen, dir einen weißen Rand am Aquarellpapier abzukleben und so ein optisches Passepartout zu kreieren. Ich empfehle dir das Kreppband von Tesa aus der Sensitivreihe (rosa), denn nicht jedes Kreppband verträgt sich gut mit Aquarellpapier. Teste es am besten vorher einmal aus.

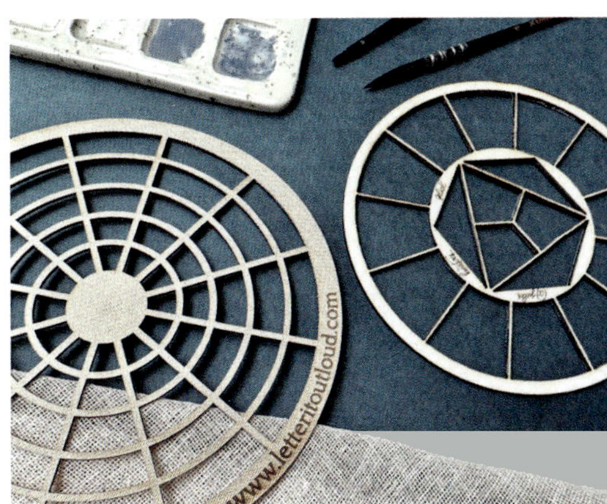

Schablonen

Seit einiger Zeit habe ich sowohl Klebe- als auch gelaserte Schablonen für mich entdeckt. Diese nutze ich sehr gerne zum Üben von Farbkreisen, zum Auftragen von Farbswatches oder auch zum Abkleben von Aquarellkränzen.

Watercolor-Techniken

Bevor wir in die wunderbare Welt der hyggeligen Motive abtauchen, möchte ich dir einmal die grundlegenden Watercolor-Techniken erklären. Schnapp dir hierfür schon mal Farben & Pinsel und steige gerne mit ein. Einige Übungen sind gerade zum Aufwärmen und Auffrischen immer wieder toll, egal, wie lange du schon malst und kreativ bist.

Das richtige Wasser- und Farbverhältnis finden

Der Name „Aquarellfarbe" beinhaltet bereits das Wort „Wasser". Doch wie viel Wasser soll/darf/kann es überhaupt sein? Gibt es zu viel oder zu wenig Wasser? Ich würde sagen, es kommt natürlich stark auf deine Präferenz und auf das Motiv an. Dennoch war ich am Anfang sehr unsicher, wie ich die Aquarellfarben am besten anmischen und verwenden kann. Meine ersten Motive waren dabei sehr pastös und deckend gemalt, fast wie mit Acryl oder Gouache-Farben.

Daher möchte ich dir an dieser Stelle einmal eine tolle Übung zeigen. Sie soll dir helfen, ein eigenes Gefühl für die Farb-Wasser-Mischung zu erhalten. Ich beginne mit einer sehr kräftigen Aquarellfarbe, angemischt mit sehr wenig Wasser, die ich anschließend Schritt für Schritt aufhelle, indem ich immer mehr Wasser hinzugebe. Auf diese Weise erhöhe ich in jeder neuen Mischung die Transparenz. Mache dies gerne in vielen kleinen Abstufungen.

Übung

Bei dieser Übung lernst du zudem deine unterschiedlichen Farben besser kennen. Wie bereits im Grundlagenkapitel beschrieben, besitzen die verschiedenen Pigmente oftmals unterschiedliche Deckkraft. Somit kann auch jedes Mal das Farb-Wasser-Verhältnis variieren, um ein gewünschtes Ergebnis zu erzielen.

Schritt 1: Für den ersten deckenden Farbauftrag nutze ich nur sehr wenig Wasser und trage die Farbe quasi direkt aus dem Näpfchen auf. Dabei gebe ich für den nächsten Schritt von derselben Farbmischung auch etwas auf meine Mischpalette.

Schritt 2: Nun gebe ich etwa eine Pinselladung Wasser zu meiner Mischung auf der Farbpalette hinzu. Bevor ich die Mischung auf mein Aquarellpapier auftrage, streife ich den Pinsel aber noch mal am Rand der Palette ab. Diesen Schritt kannst du nun, so oft du magst, wiederholen.

Blau unverdünnt	+ Wasser	+ Wasser	+ Wasser

Lasur & Lavur – zwei Grundtechniken

Die zwei Grundtechniken der Aquarellmalerei, die sogenannte Lasur und Lavur, kannst du für alle möglichen Loose-Watercolor-Motive nutzen. Daher möchte ich sie hier einmal vorstellen und dir meine Tipps und Tricks an die Hand geben.

Lavur

Starten wir zunächst mit der Lavur – hierbei dreht sich alles um wunderschöne Farbverläufe. Beim Lavieren werden die Farben im nassen Zustand verarbeitet und ineinander verblendet. Dadurch lassen sich ganz wunderbare Effekte kreieren. Um einen schönen Farbverlauf zu erzielen, gibt es zwei Möglichkeiten:

Option 1: Zunächst kannst du dir mit etwas Wasser dein Aquarellpapier vorbereiten. Dabei solltest du darauf achten, dass es zwar gleichmäßig mit Wasser benetzt ist, aber keine Pfützen entstehen. Dann kannst du mit dem Pinsel Farbe aufnehmen, diese an eine beliebige Stelle tupfen und der Farbe beim Verlaufen zuschauen. Achte dabei auch darauf, dass du im zweiten Schritt nicht zu viel Wasser in das Motiv gibst. Hierbei gilt wiederum: Übung macht den Meister.

Option 2: Eine andere Möglichkeit ist es, pigmentierte Farbe auf das Papier zu geben. Dann kannst du deinen Pinsel auswaschen und mit einem leicht feuchten Pinsel die Farbe auf deinem Papier verblenden.

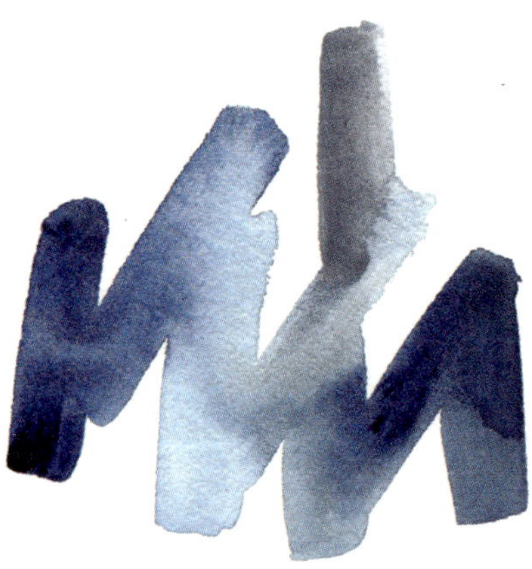

Die eben beschriebene Lavur bzw. Nass-in-Nass-Technik eignet sich besonders gut für Hintergründe und Grundierungen. Dadurch erhält man meist im ersten Schritt einer Illustration eine helle und zugleich weiche Grundierung.

Lasur

Diese Lasurtechnik – oder auch Nass-auf-Trocken-Technik – ist oftmals der zweite oder einer der letzten Schritte in einer Illustration. Grundsätzlich geht es hierbei um das Übereinanderlegen von verschiedenen Farbschichten. Dabei ist etwas mehr Geduld gefragt, denn das Papier muss zwischen den einzelnen Farbschichten gut trocknen, um zu vermeiden, dass die Farben ineinander verlaufen.

Macht man sich die Lasur zunutze, sollte man beachten, dass sich durch das Übereinanderlegen von verschiedenen Farben indirekte Farbmischungen ergeben. Gibst du also auf eine blaue Farbschicht eine gelbe Lasur, kann die Mischung der beiden Farben grünlich wirken. Mithilfe der Lasur kann man aber auch wunderbare Schatten oder andere Strukturen schaffen.

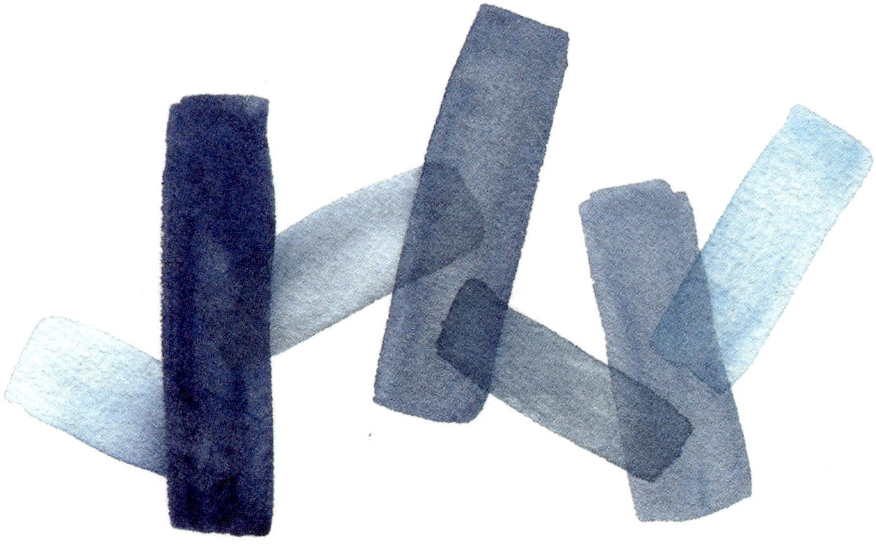

Aufhellen/Abdunkeln

Farbsättigung & Tonwert

Die unterschiedlichen Helligkeitsstufen einer Farbe werden auch als Tonwert bezeichnet. Sie helfen bei Illustrationen vor allem dabei, die Objekte plastischer wirken zu lassen. Durch den Tonwert und die Farbsättigung deines Farbtons kannst du also deine Illustration lebendiger gestalten.

Farben aufhellen

Neben der eigenen Transparenz des Pigments kannst du diese mit der Zugabe von Wasser weiter erhöhen. Eine weitere Möglichkeit ist es, ein weißes Pigment zuzugeben – in etwa so wie das Deckweiß in der Schule. Hierdurch hellst du die Aquarellfarbe zwar optisch auf, sie wird aber deutlich cremiger und kreidiger, womit sie an Transparenz verliert. Dies ist besonders bei Pastellfarben schön. In der Regel nutze ich aber lediglich Wasser zum Aufhellen meiner Aquarellfarben.

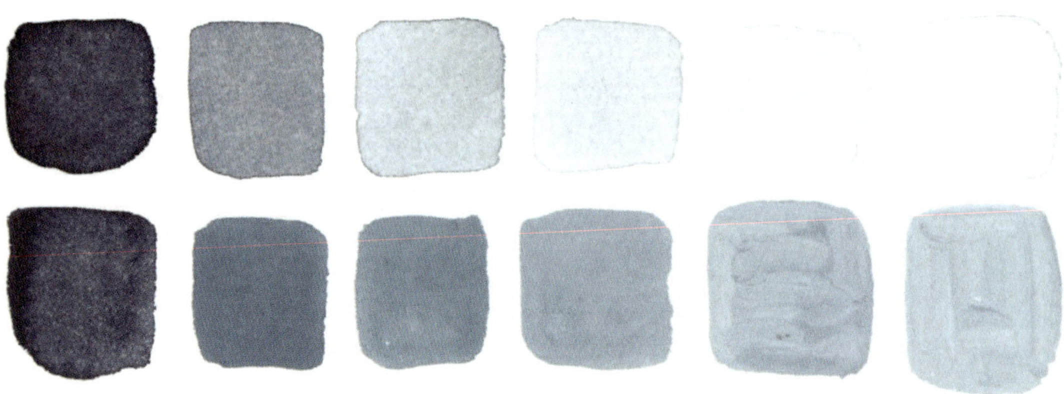

Farbsättigung

Die Sättigung einer Farbe beschreibt ihre Farbintensität. Oftmals werden sehr reine und leuchtende Farben als farbintensiv wahrgenommen. Ich hatte ja bereits erwähnt, dass ich eher Fan von natürlichen Farbmischungen bin. Hierbei kannst du durch Zugabe von Schwarz, Grau oder Brauntönen die Farben entkräften und natürlicher mischen. Man spricht dabei von einer Entsättigung – ich nenne diesen Vorgang meist Abtönen.

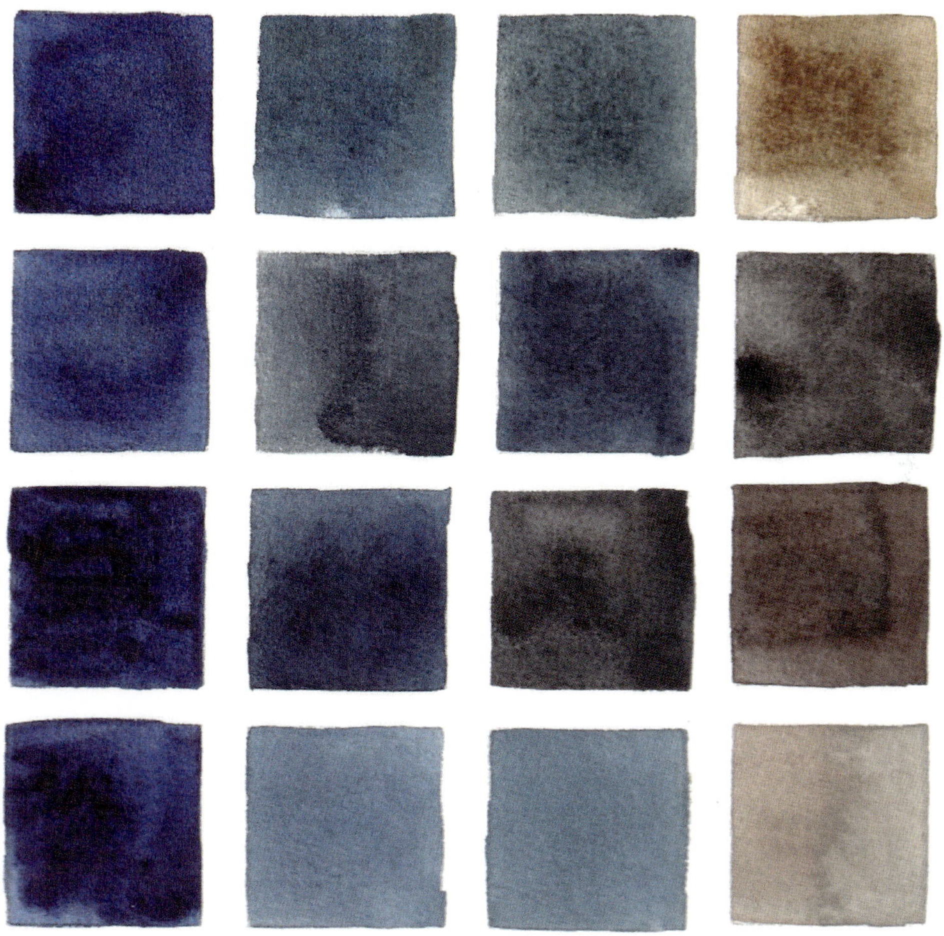

Struktur schaffen

Um spannende Strukturen mithilfe von Aquarellfarben zu erschaffen, bedarf es nicht unbedingt vieler Hilfsmittel. Hier habe ich dir einmal verschiedene Optionen aufgemalt und ausgetestet. Diese kannst du ganz wunderbar mit der Nass-in-Nass-„Kontrolle“ vergleichen.

Salztechnik

Hast du schon einmal feines oder grobes Salz auf deine Aquarellfarbe gestreut? Nein? Dann probiere es gerne mal aus, denn damit erzielst du einen tollen Effekt! Wenn du das Salz verwenden willst, sollte deine Aquarellfarbe jedoch noch nass sein, damit sich der Effekt wunderbar ausbilden kann.

Trockener Pinsel

Hierbei kannst du den Pinsel mit viel Pigment und verhältnismäßig wenig Wasser beladen. Wenn du nun den ganzen Pinsel über das Papier streichst, erreichst du einen lückenhaften Farbauftrag. Du kannst den Pinsel auch zunächst an einer Palette oder einem Maltuch abstreichen, damit er noch etwas trockener wird. Ich nutze diese Technik gerne für einen besonderen Struktureffekt, beispielsweise bei urbanen Motiven oder wenn ich etwas besonders alt aussehen lassen möchte.

Texturmalmittel

Hier habe ich das Texturmalmittel von Winsor & Newton ausprobiert. Es kommt in einer kleinen Flasche daher, und du kannst es als Grundierung auftragen oder auch direkt mit deiner Aquarellfarbe mischen. Der Effekt verstärkt sich vor allem, wenn du mehrere Schichten einschließlich des Texturmalmittels aufträgst.

Granulierspray

Granulierspray enthält häufig Alkohol (Ethanol) und wird oft in kleinen Sprühflaschen verkauft. Damit kannst du es direkt auf deine noch nasse Aquarellfarbe sprühen. Vermischt du das Spray im Vorfeld mit deiner Aquarellfarbe auf deiner Mischpalette, lässt sich der Effekt nicht so schön erkennen.

Nass–in–Nass

Grobes Meersalz

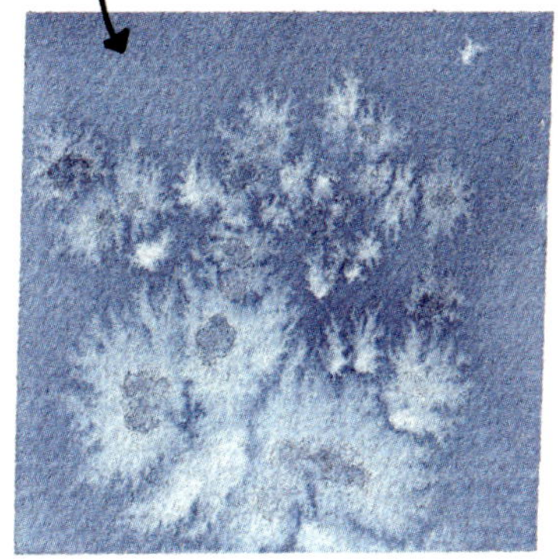

Trockener Pinsel

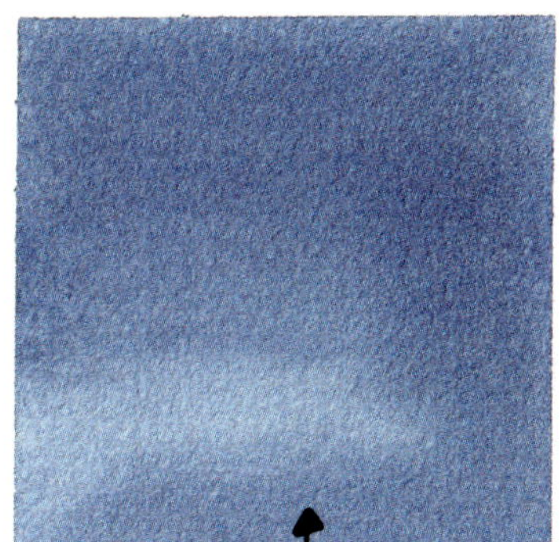

Texturmittel

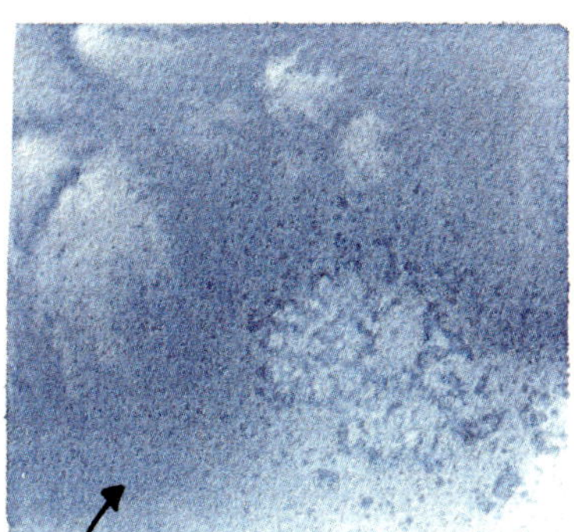

Granulierspray

Feines Speisesalz

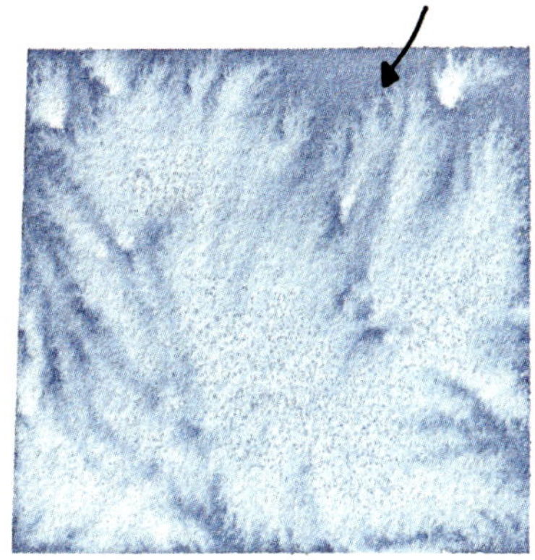

Häufige Fehler

An dieser Stelle möchte ich dir einige der häufigsten Schwierigkeiten im Umgang mit Aquarellfarben zeigen und dir meine Tipps und Tricks nennen, wie du diese Fehler umgehen und die Probleme auf einfache Weise lösen kannst.

Farb/Wasser-Verhältnis

Bei der Dosierung von Wasser und Aquarellfarbe kann es natürlich hier und da mal zu Schwierigkeiten kommen. Häufige Probleme können beispielsweise sein, dass du zu trocken oder auch zu nass arbeitest. Trotzdem sei an dieser Stelle noch mal gesagt, dass es nicht unbedingt ein richtiges oder falsches Verhältnis gibt. Denn je nachdem, welchen Effekt man erzielen möchte, können selbst Wasserflecken oder ein streifiges Ergebnis erwünscht sein.

Solltest du wenig Wasser verwenden, kann es ein Problem sein, dass dein Ergebnis streifig wird. Es wirkt durch entstehende weiße Flecken etwas unebenmäßig. Ich finde diese automatisch eingebauten Weißräume bei ausgewählten Motiven sehr schön, und du wirst sie sicher im Laufe des Buches noch bei einigen Motiven entdecken. Eine tolle Anwendung ist beispielsweise ein trockener Aquarellpinsel, wenn du gezielt Gräser malen möchtest.

Im Gegensatz dazu können sich Wasserflecken bilden, wenn du viel Wasser verwendest. Sie entstehen dadurch, dass das Wasser die Pigmente nach außen schiebt und sie unregelmäßig trocknen. Dies passiert besonders schnell, wenn du glattes Papier verwendest. Ich persönlich habe aber nichts gegen Wasserflecken und finde, sie lockern gerade im Loose-Watercolor-Bereich die Motive auf. Jedoch kannst du diesen Effekt schwer kontrollieren und nur bedingt absichtlich einbauen. Gegen Wasserflecken kann auch das Malen mit destilliertem Wasser helfen, probiere es gerne mal aus! Den Tipp habe ich übrigens von der lieben Lotta (@watercolotta).

Das richtige Timing bei der Nass-in-Nass-Technik

Bei der Nass-in-Nass-Technik kommt es vor allem auf die eingesetzte Wasser- und Farbmenge sowie auf das Timing an. Arbeitest du im ersten Schritt mit zu viel Wasser, verteilen sich die Pigmente nicht optimal, und es entsteht ein fleckiges Ergebnis. Arbeitest du zu trocken, kommt kein richtiger Farbverlauf zustande. Dasselbe gilt für das Timing. Gibst du die Farbe zu früh hinzu, wenn alles noch sehr nass ist, könnte die Farbe großflächig verlaufen. Ist die Fläche schon stark getrocknet, konzentriert sich die Farbe eher auf eine kleine Fläche. Am besten schnappst du dir ein paar Aquarellpapiere und übst einige Farbverläufe, denn die Fließeigenschaften hängen auch stark von dem verwendeten Papier ab. Außerdem sind die Farben eigenwillig, daher kannst du das Ergebnis nur bedingt kontrollieren. Spannend finde ich auch, dass manche Aquarellfarben heller trocknen, als sie nass aussehen.

Die Tücken der Lasurtechnik

Bei der Lasurtechnik können verschiedene Probleme auftreten. Arbeitest du im ersten Schritt zu dunkel, ist es schwierig, diese Farbschicht mit einer transparenten Schicht zu überlagern. Versuche daher immer, von hell nach dunkel zu malen. Zudem solltest du in der Lasurschicht ebenfalls nicht zu dunkel malen, da man die erste Schicht ansonsten eventuell nicht mehr erkennen könnte. Ich vermeide zudem, zu oft über das Papier zu streichen, um die untere Schicht nicht wieder anzulösen. Auch solltest du hierbei mit der Wassermenge sparsam umgehen. Gibst du im zweiten Schritt zu viel Wasser auf dein Papier, könnte auch dies die untere Schicht vom Papier ablösen. Generell benötigt die Lasurtechnik ein wenig Übung, aber sie ist bei meinen Motiven nicht mehr wegzudenken.

Farbkombinationen & Harmonien

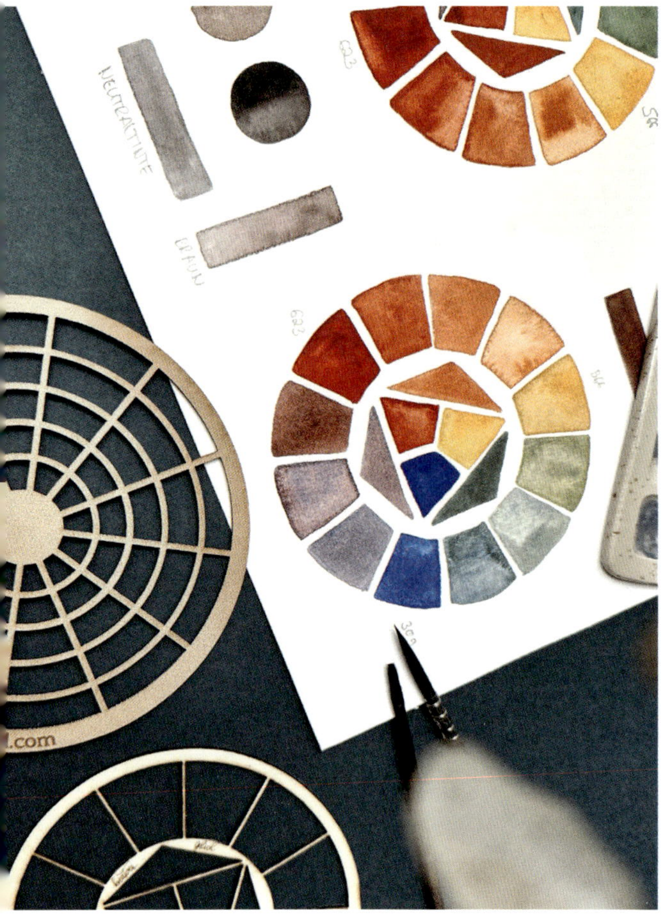

Aquarellfarben kann man ganz hervorragend mischen und kombinieren. Worauf man dabei achten muss, um besonders tolle Ergebnisse zu erzielen, möchte ich dir in diesem Kapitel erläutern.

Als Grundlage zum Farbenmischen lege ich mir immer gerne einen Farbkreis an. Diesen kannst du dir natürlich auch kaufen oder ausdrucken. Hierfür hatte ich dir ja bereits im Abschnitt der Hilfsmittel diverse Schablonen empfohlen. Ich finde aber, dass diese Übung sich auf jeden Fall lohnt, denn so lernst du deine ganz individuellen Aquarellfarben und ihre Mischergebnisse besser kennen.

Vielleicht kennst du den Farbkreis ja auch noch aus der Schule. Er veranschaulicht, dass man aus den drei Primärfarben Gelb, Blau und Rot die unterschiedlichsten Farbtöne mischen kann. Dabei hängt es letztendlich von deiner Präferenz ab, ob du die Farbtöne lieber mischst oder auf vorgemischte Farben der Hersteller zurückgreifst.

Hier habe ich dir einmal zwei verschiedene Farbkreise aufgemalt. Je nachdem, welchen Gelb-, Rot- und auch Blauton du als deine Primärfarbe definierst, kann dein Mischergebnis komplett anders ausfallen. In meinem ersten Beispiel habe ich zunächst sehr strahlende Farben ausgewählt (Farbnummern 501, 344, 568 von Sennelier). Die Mischfarben verlieren dabei nicht an Strahlkraft. In dem zweiten Beispiel habe ich jedoch wärmere Farben (Farbnummern 566, 623, 395 von Sennelier) ausgewählt. Die Mischfarben wirken deutlich wär-

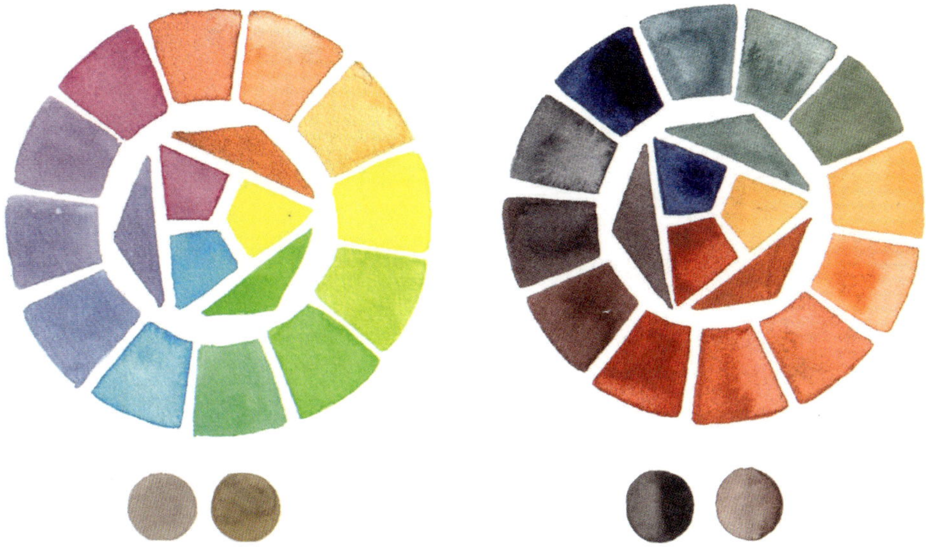

mer und natürlicher – jedoch auch ein wenig abgetönt. Vergleiche zum Beispiel einmal die zwei erzielten Violetttöne. Oft verstecken sich Pigmentmischungen in den einzelnen Aquarellfarben der Hersteller; das bedeutet, dass es nicht nur Ein-Pigment-Farben gibt. Mischt man dann einige dieser Mehr-Pigment-Farben zusammen, wird das Ergebnis oft nicht mehr so strahlend. Ich persönlich bevorzuge diesen abgetönten Look, aber dies ist natürlich ganz individuell. Schnapp dir daher gerne mal deine Farben und male dir ein paar Farbkreise aufs Papier.

Neutraltinte

Vielleicht ist dir schon mal der Farbton „Neutraltinte" über den Weg gelaufen. Diesen Farbton findest du in fast jedem Herstellersortiment. Er beschreibt ein Grundprinzip der Farblehre: Wenn man nämlich die drei Primärfarben zu gleichen Teilen miteinander vermischt, erhält man einen grauen Farbton. Mischt man die Primärfarben hingegen zu ungleichen Teilen, entsteht ein bräunlicher Farbton. Auch dies habe ich dir einmal für beide Farbkreise aufgemalt. Allgemein gilt daher: Möchtest du ein strahlendes Farbergebnis erzielen, solltest du solche Farbmischungen vermeiden. Findest du – wie auch ich – natürliche, abgedunkelte Farben schön, kannst du entweder Neutraltinte oder auch die drei Primärfarben zu deiner Farbmischung hinzugeben.

Farbharmonien

Wenn du nun in die Welt des Farbenmischens eintauchst, wirst du dich sicher schnell fragen, welche Farben du am besten kombinieren kannst. Grundlage der Farbharmonien ist auch hier wieder der Farbkreis. Das erste Beispiel könntest du auch noch aus der Schule kennen.

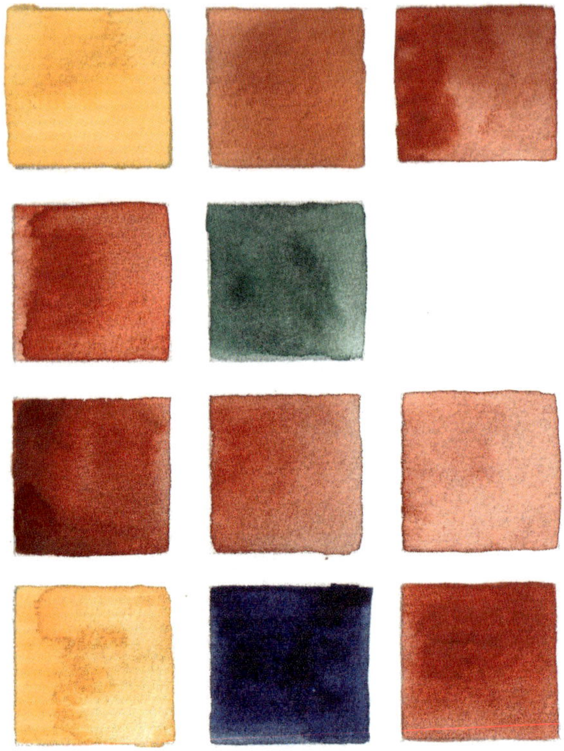

Sogenannte Komplementärfarben liegen sich im Farbkreis gegenüber. Komplementäre Farben bringen sich gegenseitig zum Strahlen, daher wird der Kontrast als sehr stark wahrgenommen.

Eine analoge Farbharmonie besteht aus Farben, die im Farbkreis nebeneinanderliegen. Diese Variante wird auch gelegentlich als Ton-in-Ton beschrieben. Sie wirkt äußerst harmonisch.

Ein Spezialfall ist zudem die Monochromie – dies ist gleichzeitig auch die einfachste Farbauswahl. Hierbei nutzt man lediglich eine Aquarellfarbe in den unterschiedlichsten Helligkeitsstufen und Tonwerten.

Eine durchaus praktische und zuverlässige Methode, harmonierende Farben auszuwählen, ist das Prinzip des Drei- oder Vierklangs. Hierbei kannst du dir ein gleichseitiges Dreieck oder ein Quadrat zu Hilfe nehmen. Ich schneide mir dieses meist aus und lege es so über meinen Farbkreis. Drehst du die geometrische Form dann, findest du drei bzw. vier harmonische Farben, die du gut miteinander kombinieren kannst. Darüber hinaus gibt es noch den sogenannten komplementären Drei- bzw. Vierklang. Dabei nutzt man kein gleichseitiges, sondern ein gleichschenkliges Dreieck bzw. ein Rechteck und erhält so Farbkombinationen, die etwas aufregender als der klassische Drei- bzw. Vierklang wirken.

Kontraste

Neben den Farbharmonien können auch bestimmte Kontraste helfen, in deiner Illustration eine spannende und stimmige Wirkung zu erzeugen. Deshalb möchte ich dir hier die gängigen Kontraste vorstellen. Wenn du also mal das Gefühl hast, dass deine Illustration nicht stimmig aussieht, kannst du sie im Hinblick auf die verwendeten Farben und Kontraste überprüfen. Das hat mir am Anfang sehr geholfen, zufriedener mit meinen Werken zu werden.

Hell-Dunkel-Kontrast

Der Hell-Dunkel-Kontrast ist ein Kontrast, der auf der Unterscheidung von hellen und dunklen Bereichen in einer Illustration basiert. Er wird auch als Tonwertkontrast bezeichnet. In der Fotografie und Malerei wird der Hell-Dunkel-Kontrast oft genutzt, um eine dreidimensionale Wirkung zu erzielen und bestimmte Bereiche des Bildes hervorzuheben oder in den Hintergrund treten zu lassen.

Größenkontrast

Der Größenkontrast in der Kunstwelt bezieht sich auf die Verwendung von unterschiedlich großen Objekten oder Elementen in einem Werk. Dies kann dazu beitragen, bestimmte Elemente zu betonen oder in den Vordergrund zu stellen, während andere in den Hintergrund treten. Dabei bezieht sich diese Kontrastart nicht nur auf einzelne Elemente oder Objekte, sondern kann auch auf Farbflächen übertragen werden.

Farbkontrast

Farbkontraste sind ein wichtiger Bestandteil der Gestaltung von Illustrationen; sie können dabei helfen, eine bestimmte Stimmung oder Wirkung zu erzeugen. Ein Beispiel für einen typischen Farbkontrast ist der Kalt-Warm-Kontrast. Hierbei werden gezielt warme und kalte Farbtöne in einem Bild kombiniert. Darüber hinaus gibt es auch noch andere Farbkontraste, wie beispielsweise den Komplementärkontrast oder auch den monochromen Farbkontrast.

Farbgefühl entwickeln

Das eigene Farbgefühl und die Fähigkeit, Farben zu kombinieren, entwickeln sich nicht über Nacht, sondern bedürfen einiger Übung. Daher möchte ich dir an dieser Stelle einige Tipps und Empfehlungen geben, wie du dein ganz persönliches Farbgefühl entwickeln kannst.

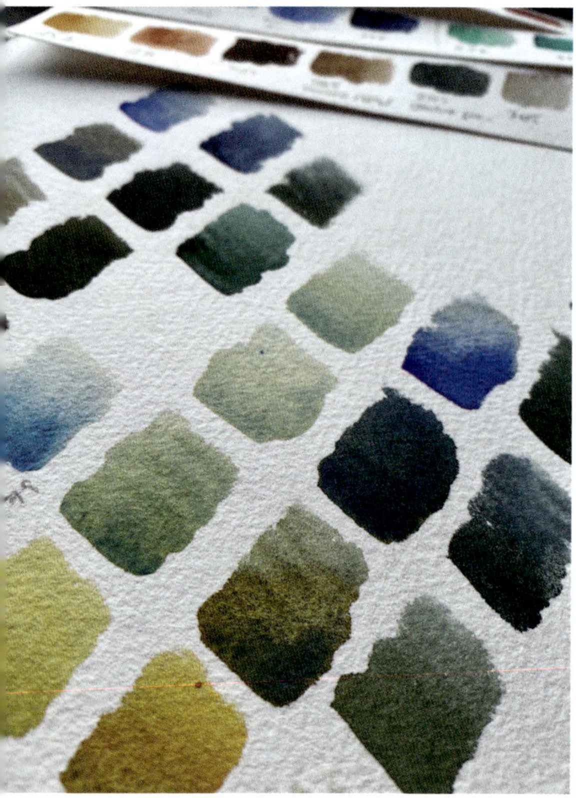

1. Betrachte verschiedene Farben und Farbkombinationen: Schau dir verschiedene Farben und Farbkombinationen an und beobachte, wie sie miteinander interagieren. Betrachte Bilder, Kunstwerke oder Designs und versuche, die Farben zu analysieren. Hier kann ich dir auch ein tolles Buch empfehlen: „Palette Perfect“ von Lauren Wager. Es kommt aus dem Designbereich, ist sowohl auf Deutsch als auch auf Englisch erhältlich und beinhaltet total viele Inspirationen zu möglichen Farbkombinationen.

2. Experimentiere mit Farben: Versuche, verschiedene Farben zu mischen und zu kombinieren, um zu sehen, wie sie miteinander interagieren. Verwende Farbkarten, Farbfelder oder digitale Tools, um verschiedene Farben zu kombinieren und auszutesten.

3. Beschäftige dich mit der Farbtheorie: Lerne die Grundlagen der Farbtheorie einschließlich Farbkreis, Farbkontraste und Farbharmonien. Das Verständnis dieser Prinzipien kann dir helfen, bessere Entscheidungen bei der Farbwahl zu treffen.

4. Beobachte deine Umgebung: Achte auf die Farben, die um dich herum sind. Beobachte die Farben von Blumen, Bäumen, Tieren oder Gebäuden und wie sie sich zu verschiedenen Tageszeiten und bei unterschiedlichen Lichtverhältnissen verändern.

5. Übe regelmäßig: Wie bei jedem anderen kreativen Prozess erfordert das Entwickeln eines Farbgefühls regelmäßige Übung. Experimentiere mit Farben und versuche, verschiedene Farbkombinationen zu erstellen, um dein Auge für Farben zu schulen.

Eigene Farbpalette zusammenstellen

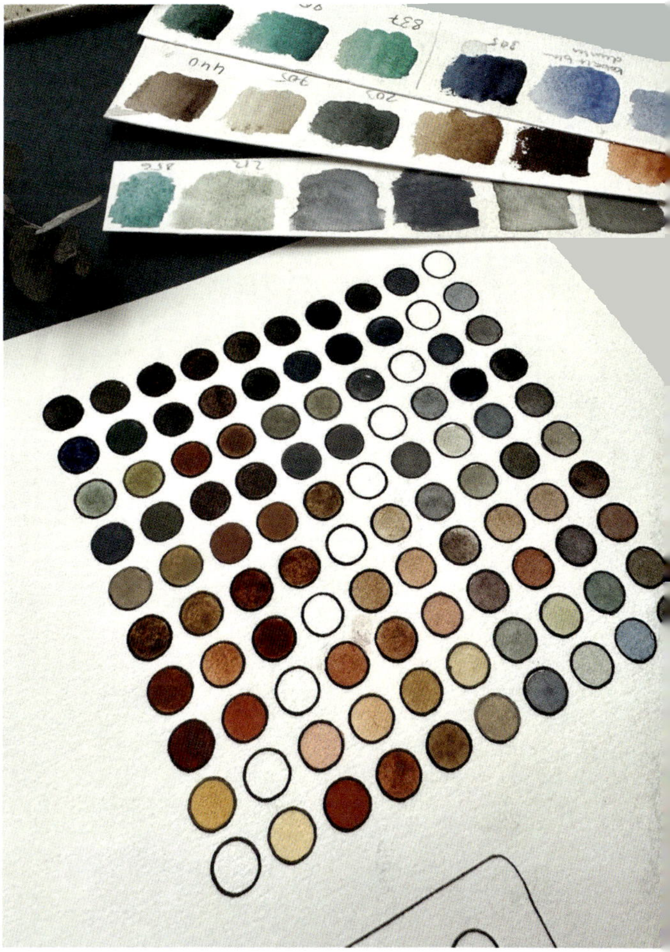

Für dieses Buch wollte ich mir meine eigene Farbpalette nach meinen Präferenzen mit maximal zwölf Farben erstellen. Dabei wollte ich mich auf zwölf Farben beschränken, weil diese super in einen kleinen Kasten passen. Man hat im Prinzip viel Auswahl – aber auch nicht zu viel. Das ist für mich sehr wichtig, da ich von zu viel Auswahl schnell überfordert bin und es dann nicht mehr so leicht ist, schöne Kombinationen zu finden. Im Prinzip habe ich alle Schritte befolgt, die ich dir im letzten Abschnitt „Farbgefühl entwickeln“ beschrieben habe.

Ich habe darauf geachtet, dass meine eigenen Primärfarben in meiner Farbauswahl zu finden sind – in einem warmen Farbton, damit schöne erdige Mischfarben entstehen. Ein warmes und kaltes Grau durften für meine skandinavische Farbwelt natürlich auch nicht fehlen. Vor allem eignen sich diese Töne hervorragend zum Abtönen, weil damit pastelligere Töne durch den darin enthaltenen Weißanteil zustande kommen.

Sobald du dich für eine vorläufige Farbauswahl entschieden hast, empfehle ich dir, ein Mischquadrat zu erstellen. Dies ist eine wunderbare Übung, um alle Farbmischungen zu erfassen, die du mit deiner Farbauswahl erstellen und somit auch abdecken kannst. Dazu habe ich dir auch einmal ein Beispiel aufgemalt. Auf diese Weise kannst du leicht identifizieren, ob manche Farben sich nicht so schön mischen lassen oder ob tolle granulierende Effekte entstehen. Ich habe gerade bei den Blautönen verstärkt auf granulierende Farbtöne gesetzt, damit sich tolle Mischfarben und Effekte in meinen Illustrationen ergeben.

Da ich aber weiß, dass nicht jeder Künstler und jede Künstlerin ein Mischfan ist, habe ich bei meiner persönlichen Farbauswahl auch darauf geachtet, dass du die reinen Töne super verwenden und in Illustrationen kombinieren kannst.

Die passenden Töne habe ich aus meinen Aquarellfarben von Sennelier aus der L'Aquarelle-extra-fein-Reihe zusammengestellt. Passend zu dem Buch wird der Kasten in Zusammenarbeit mit Sennelier auch in einer @pinsel.yoga-Special-Edition erhältlich sein. Natürlich möchte ich aber auch an dieser Stelle nochmals betonen, dass du die Motive mit allen möglichen Aquarellfarben gestalten kannst. Meine Farbgebung soll dabei vor allem als Inspiration für dich dienen.

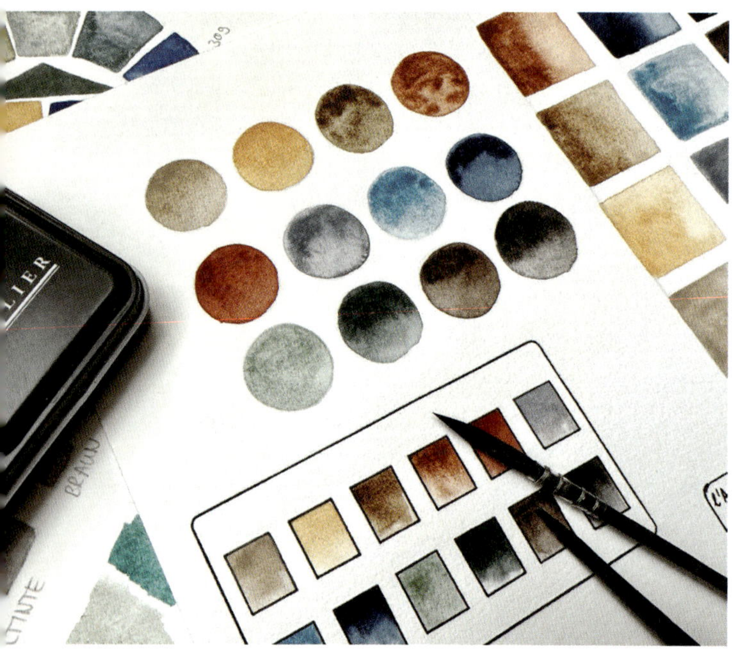

705 Warmgrau

566 Neapelgelb dunkel

205 Umbra Natur

211 Sienna gebrannt

623 Venetianisches Rot

707 Kaltgrau

305 Coelinblau Rot schattiert

395 Blau Indanthren

213 Grüne Erde

203 Umbra grünlich

440 Sepia Warm

755 Elfenbeinschwarz

Gouache & Mixed-Media

Ein Thema, das mich sehr begeistert, sind Gouache und Mixed-Media. Daher gibt es in diesem Buch auch einen kleinen Mixed-Media-Exkurs mit Folklore-Art-Motiven. Du hast noch nie von Gouache gehört? Gar kein Problem! Gouache ist eine einzigartige Farbe, die sich beim Auftragen wie Wasserfarbe verhält, aber deckend wie Acrylfarbe wirkt. Im Vergleich zu den Acrylfarben, die du wahrscheinlich schon kennst, trocknen Gouache-Farben jedoch matt und nicht glänzend.

Ein großer Vorteil für mich persönlich ist es, dass man für Gouache keine neuen Materialien benötigt – bis auf die Farben. Du kannst dein Aquarellpapier und deine gewohnten Pinsel weiter verwenden. Trotzdem habe ich hier einige Einsteigertipps für dich, wie du dich ganz leicht mit Gouache-Farben vertraut machen kannst.

Pinsel

Das Tolle an Gouache ist, dass du deine Aquarellpinsel auch für dieses Medium verwenden kannst. Hierbei kommt es aber nicht unbedingt auf eine hohe Wasseraufnahmefähigkeit der Pinsel an. Im Gegenteil – es ist etwas schwieriger, die Pinsel von der pastösen Farbe zu befreien; daher greife ich gerne auf glattere Synthetikhaare zurück. Auch hierfür finde ich die Rundpinsel am geeignetsten. Zudem würde ich dir noch einen großen Flachpinsel für die Hintergründe empfehlen.

Papier

Im Prinzip kannst du genau dasselbe Papier verwenden, das du auch für deine Aquarellfarben nutzt. Wenn du sehr deckend malst, kommt es dabei auch nicht so sehr auf die Oberflächenbeschaffenheit an. Ich nutze deshalb sehr gerne satiniertes oder auch buntes Papier. Gerade auf einem dunklen Hintergrund kommen die deckendenden Farben toll zur Geltung.

Farben

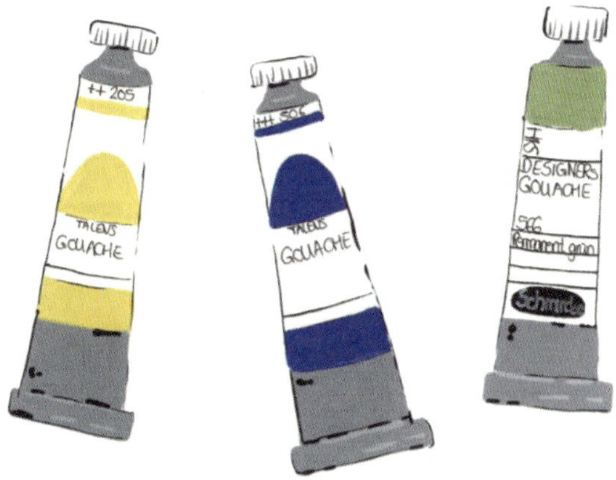

Die Auswahl an Farben ist im Gouache-Bereich etwas kleiner im Vergleich zum jeweiligen Aquarellsortiment der Hersteller. Ich kann dir für den Anfang ein sogenanntes Primärfarbenset inkl. Schwarz und Weiß in einer Künstlerqualität ans Herz legen.

Aufhellen

Was den Farbauftrag betrifft, kann ich dir empfehlen, die Farben zunächst auf eine Mischpalette zu geben und mit ein wenig Wasser die Konsistenz so anzupassen, wie du die Farben gut vermalen kannst. Beachte hierbei nur, dass man Gouache-Farben mit Weiß mischt, um sie aufzuhellen – und nicht unbedingt mit Wasser wie bei der Aquarellmalerei. Mischt du Gouache-Farben mit Wasser, verlieren sie an Deckkraft. Gouache-Farben bekommen durch das Mischen mit Weiß einen tollen deckenden, pastelligen Look. Oftmals trocknen sie jedoch anders, als sie nass aussehen. Am besten legst du dir hierfür am Anfang Farbkärtchen an.

Da Gouache der Aquarelltechnik wirklich sehr ähnlich ist, kannst du auch hierbei die Farben schichten, verblenden oder beispielsweise mit dem trockenen Pinsel arbeiten. Was ich jedoch wirklich bemerkenswert finde, ist, dass du aufgrund der hohen Deckkraft auch helle Farben über dunkle Farben schichten kannst.

Mixed-Media

Ich finde es besonders spannend, die unterschiedlichen Texturen der verschiedenen Medien zu kombinieren. So kannst du zum Beispiel alle Illustrationen in diesem Buch auch ganz wunderbar im Mixed-Media-Stil umsetzen. Die transparenten Aquarellfarben kommen gerade im Kontrast zu den deckenden Gouache-Farben toll zur Geltung. Gerne male ich auch „gröbere" Hintergründe mit Kreide- oder Ölpastellen. Details setze ich am liebsten mit Buntstiften, da sie so universell einsetzbar sind.

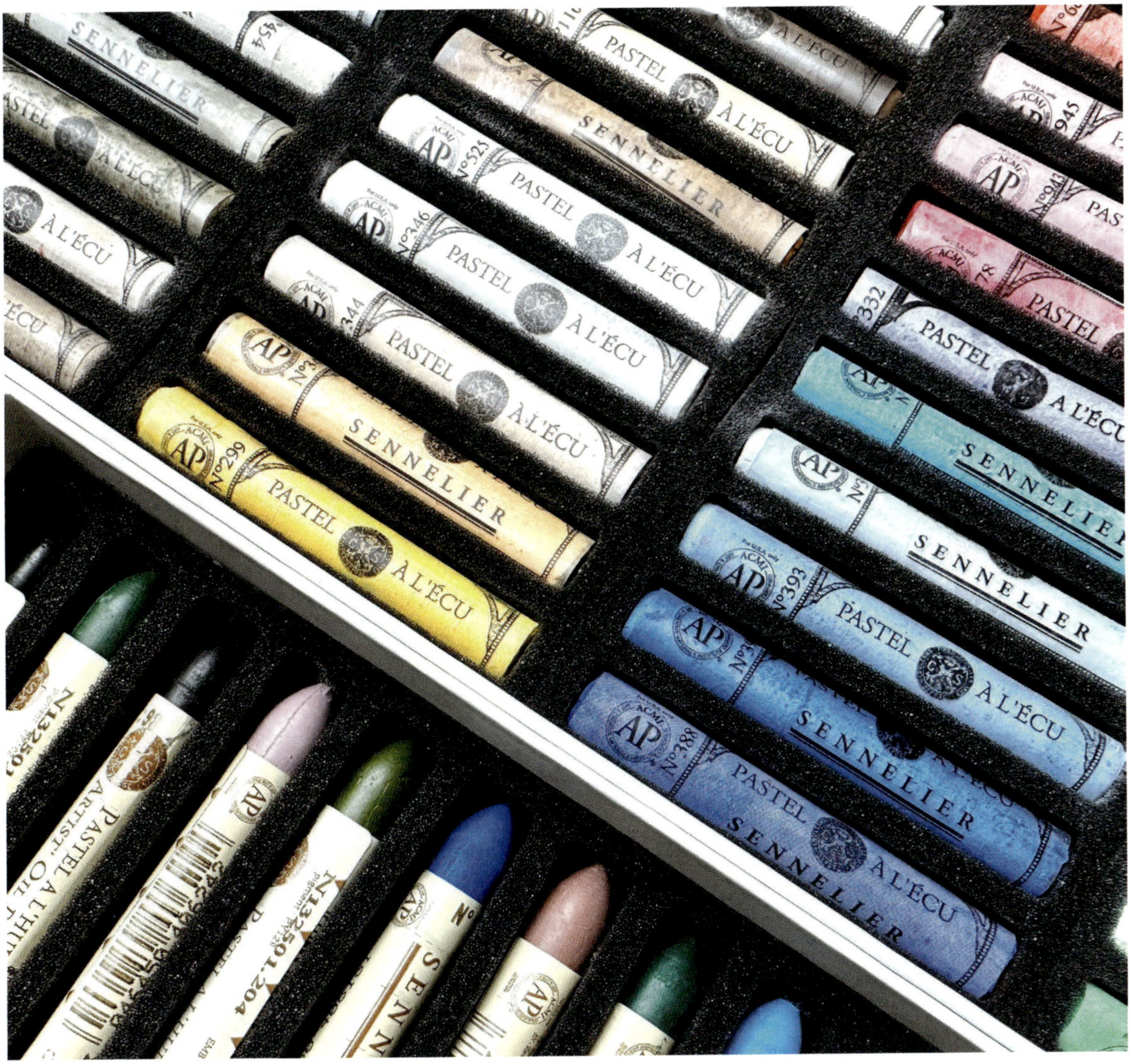

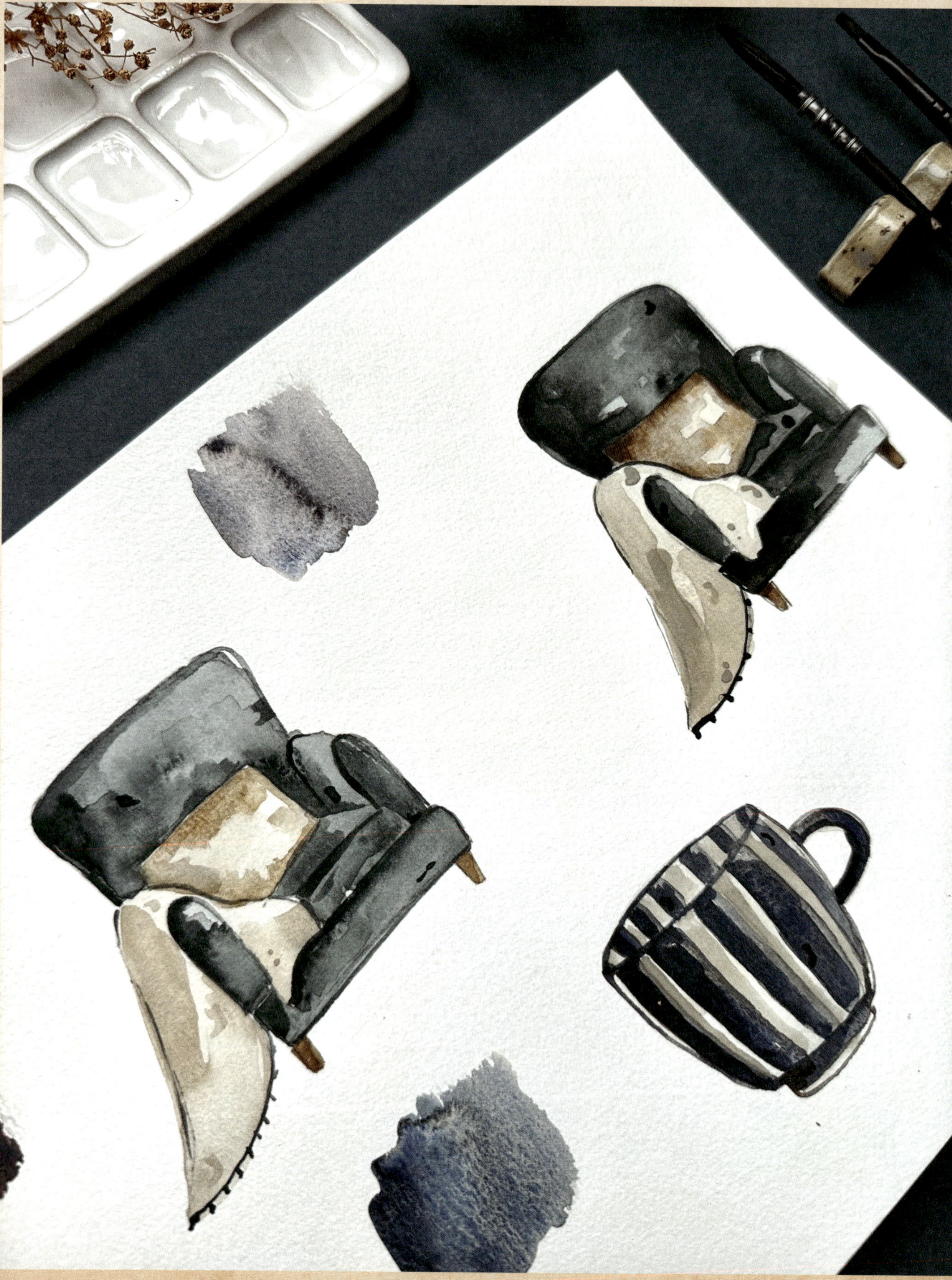

Interior Watercolor

In diesem Kapitel möchte ich mit dir in die skandinavische Interiorwelt eintauchen. Der skandinavische Einrichtungsstil zeichnet sich durch eine schlichte und gleichzeitig minimalistische Ästhetik aus, die auf natürlichen Materialien und hellen Farben basiert. Typische Merkmale sind unter anderem helle Wände, Holzböden, klare Linien und funktionale Möbelstücke. Natürlich dürfen hier und da kleine Farbakzente nicht fehlen. Eine gemütliche Atmosphäre wird zum Beispiel durch den Einsatz von unterschiedlichen Textilien wie Kissen, Decken und Teppichen in warmen Farben geschaffen. Insgesamt ist der skandinavische Einrichtungsstil durch eine Kombination aus Einfachheit, Funktionalität und Komfort bzw. Gemütlichkeit geprägt.

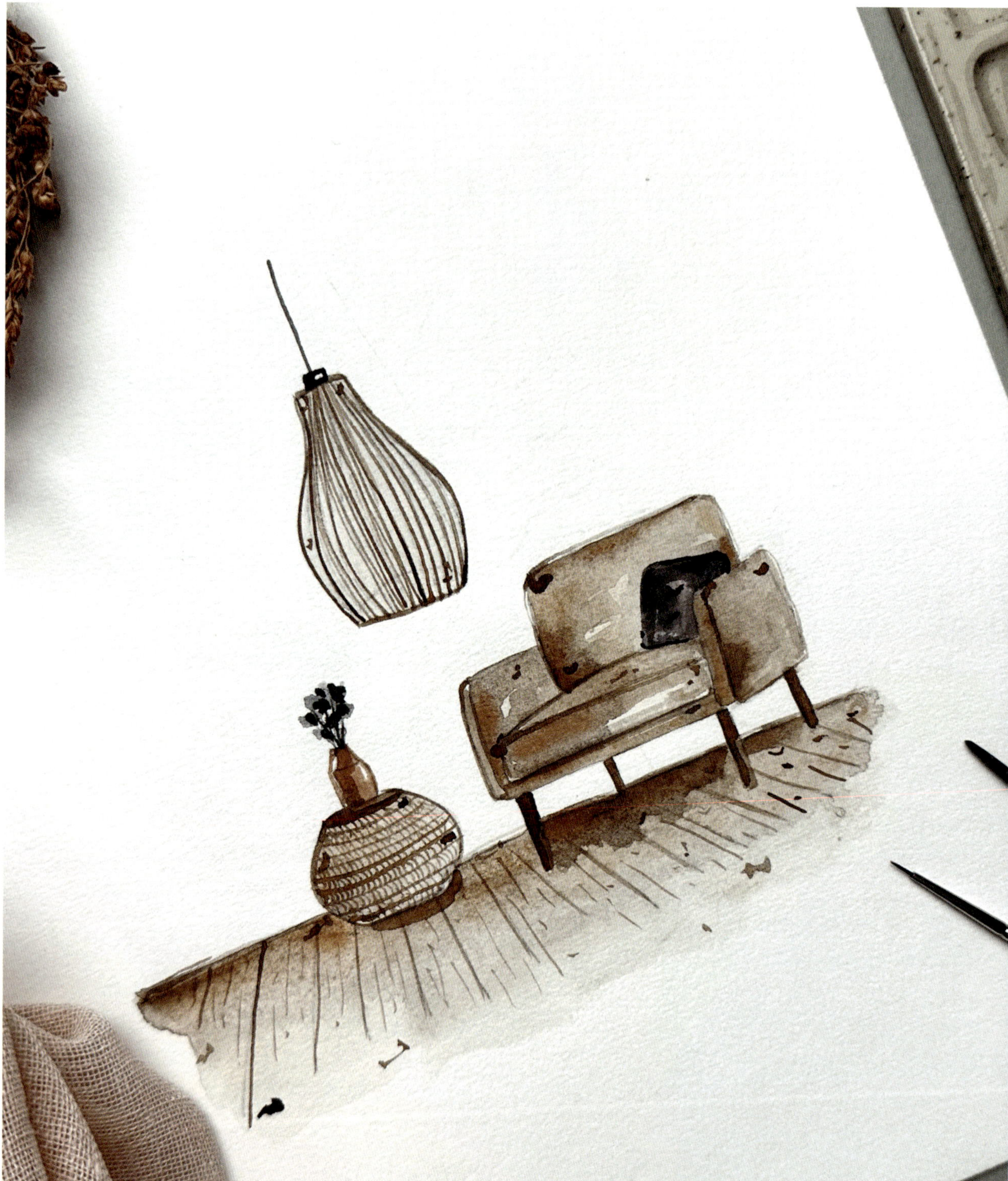

Wohnzimmer | Ton in Ton

Wenn ich mir ein skandinavisches Wohnzimmer vorstelle, sehe ich helle weiße Wände vor mir, die für eine offene und gleichzeitig gemütliche Atmosphäre sorgen. Das Motto lautet hier: „Weniger ist mehr!“ Möbel und Deko werden daher auch locker und mittig im Raum platziert und schaffen eine minimalistische Atmosphäre. Hier möchte ich mit dir ein solches gemütliches Ton-in-Ton-Interior Design illustrieren.

Material

- Aquarellpinsel (KUM, pinsel.yoga-Set): Rundpinsel in der Größe 3/0 & 4, French Schlepper Größe 4
- Baumwoll-Aquarellpapier 300 g/m² matt (Hahnemühle Expression)
- wasservermalbarer Bleistift Faber Castell „Graphite Aquarelle“ 6B
- Aquarellfarben (Sennelier):

705 Warmgrau

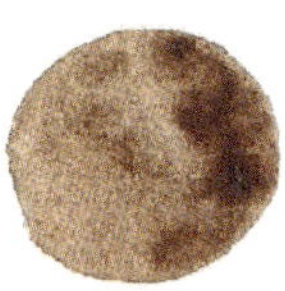
205 Umbra Natur

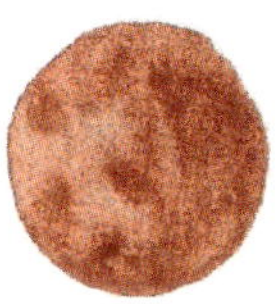
211 Sienna gebrannt

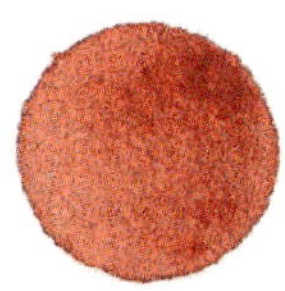
623 Venezianisches Rot

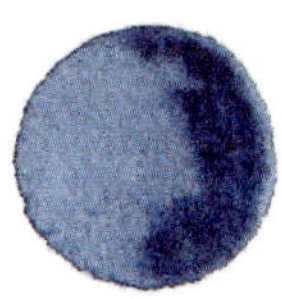
395 Blau Indanthren

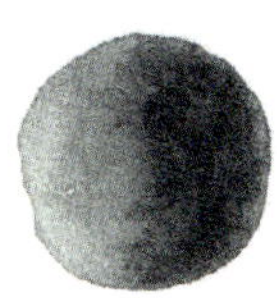
203 Umbra grünlich

Schritt-für-Schritt-Anleitung

1.

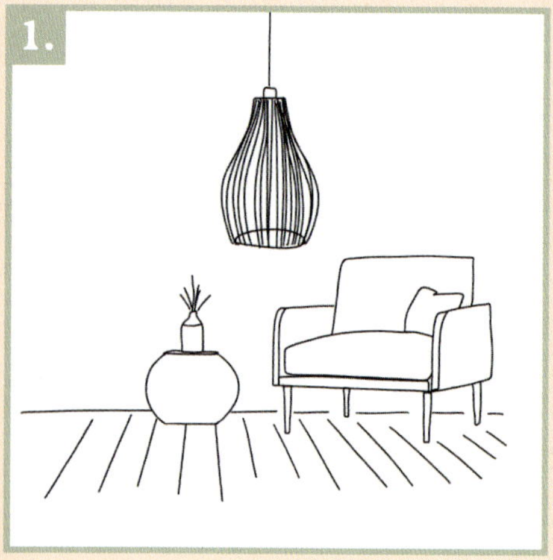

2.

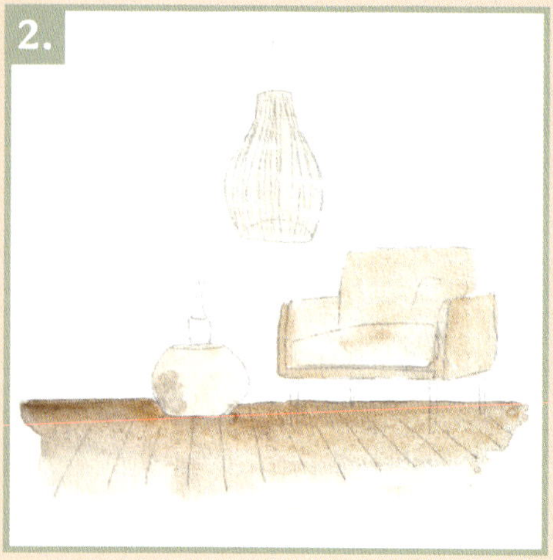

1. Im ersten Schritt übertrage ich meine Vorzeichnung auf das matte Aquarellpapier. Hierfür nutze ich sehr gerne einen wasservermalbaren Bleistift. Je weicher dieser ist, desto besser lässt sich die Farbe wieder vom Papier anlösen. Dabei achte ich darauf, bei der Vorzeichnung nicht zu sehr aufzudrücken, sodass sich der Bleistift nicht so stark in das Papier eingravieren kann.

2. Daraufhin grundiere ich die verschiedenen Elemente wie den Boden, den Sessel und den Holztisch in einer Mischung aus den Tönen Nr. 203 (Warmgrau) und Nr. 205 (Umbra natur).
Um den Boden zu grundieren, nutze ich einen French Schlepper in der Größe 4. Dabei halte ich den Pinsel möglichst flach zum Papier, um einen flächigen Auftrag zu erreichen. Nach vorne versuche ich, den Pinsel etwas lockerer zu bewegen und dadurch einen unregelmäßigeren Farbauftrag zu erzielen. Vielleicht wird der Pinsel auch schon etwas trockener, was wiederum schöne Ränder ergibt. Nun füge ich noch etwas Farbe mithilfe der Nass-in-Nass-Methode in den hinteren Teil des Bodens an der Grenze zur Wand hinzu. Die Wand wiederum koloriere ich nicht, sondern lasse sie frei. Das unterstreicht für mich den minimalistischen Look. Den Sessel und den Tisch grundiere ich mithilfe eines Rundpinsels in der Größe 4.

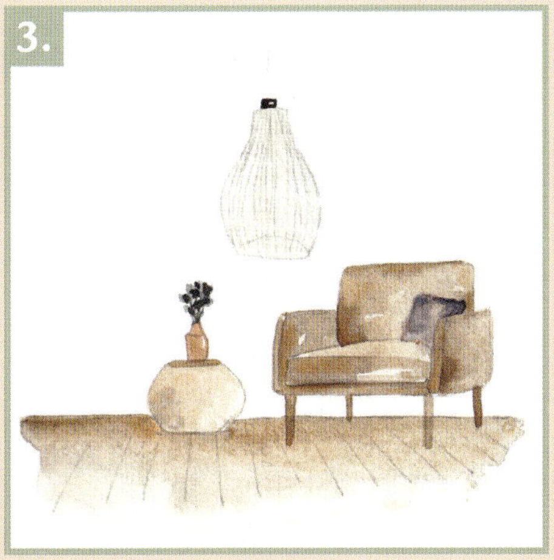

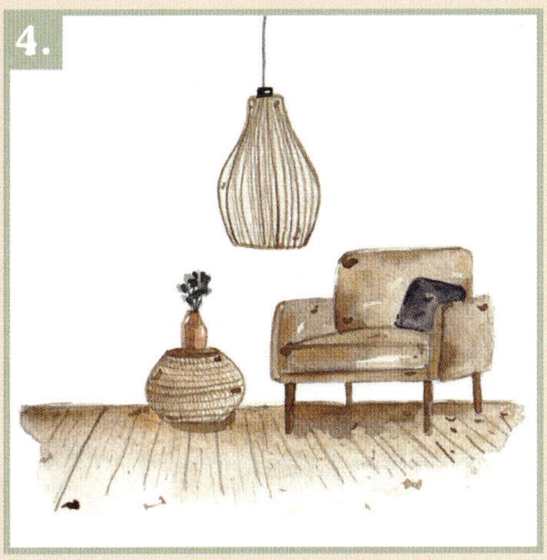

3. Nachdem die Grundierung aus Schritt 2 gut durchgetrocknet ist, können wir weitere Schatten und Details hinzufügen. Sie lassen das Motiv etwas lebendiger und plastischer wirken. Die Schatten und dunkleren Stellen im Motiv erzeuge ich, indem ich Nass-auf-Trocken eine weitere Farbschicht über das Motiv gebe. Dabei spare ich gezielt Bereiche aus, sodass hellere und dunklere Stellen entstehen. Hierfür verwende ich einen kleineren Rundpinsel in der Größe 3/0, damit ich etwas präziser arbeiten kann. Die Vase gestalte ich in Siena gebrannt Nr. 211 und setze noch kleine Farbtupfer in Umbra grünlich Nr. 203 als Eukalyptus hinzu. Blau (Nr. 395) und Rot (Nr. 623) vermische ich zu einem schönen Violettton und illustriere damit das Sofakissen, das ergibt einen schönen Farbkontrast.

4. Im letzten Schritt kommen noch etwas feinere Details in der Illustration hinzu. Hierfür nutze ich sehr gerne einen feinen Rundpinsel in der Größe 3/0 oder als mögliche Alternative auch einen feinen Schlepperpinsel. Nun gestalte ich den hellen Korb und male hierfür eine bastartige Struktur mit einer Mischung aus Siena gebrannt Nr. 211 und Umbra Natur Nr. 205. Mithilfe des kleinen Rundpinsels male ich anschließend kleine Halbmonde. Der Boden bekommt eine Maserung und die Lampe eine feine Holzstruktur. Zuletzt kannst du gerne noch Tupfer und weitere Schatten, beispielsweise unter dem Sessel, hinzufügen.

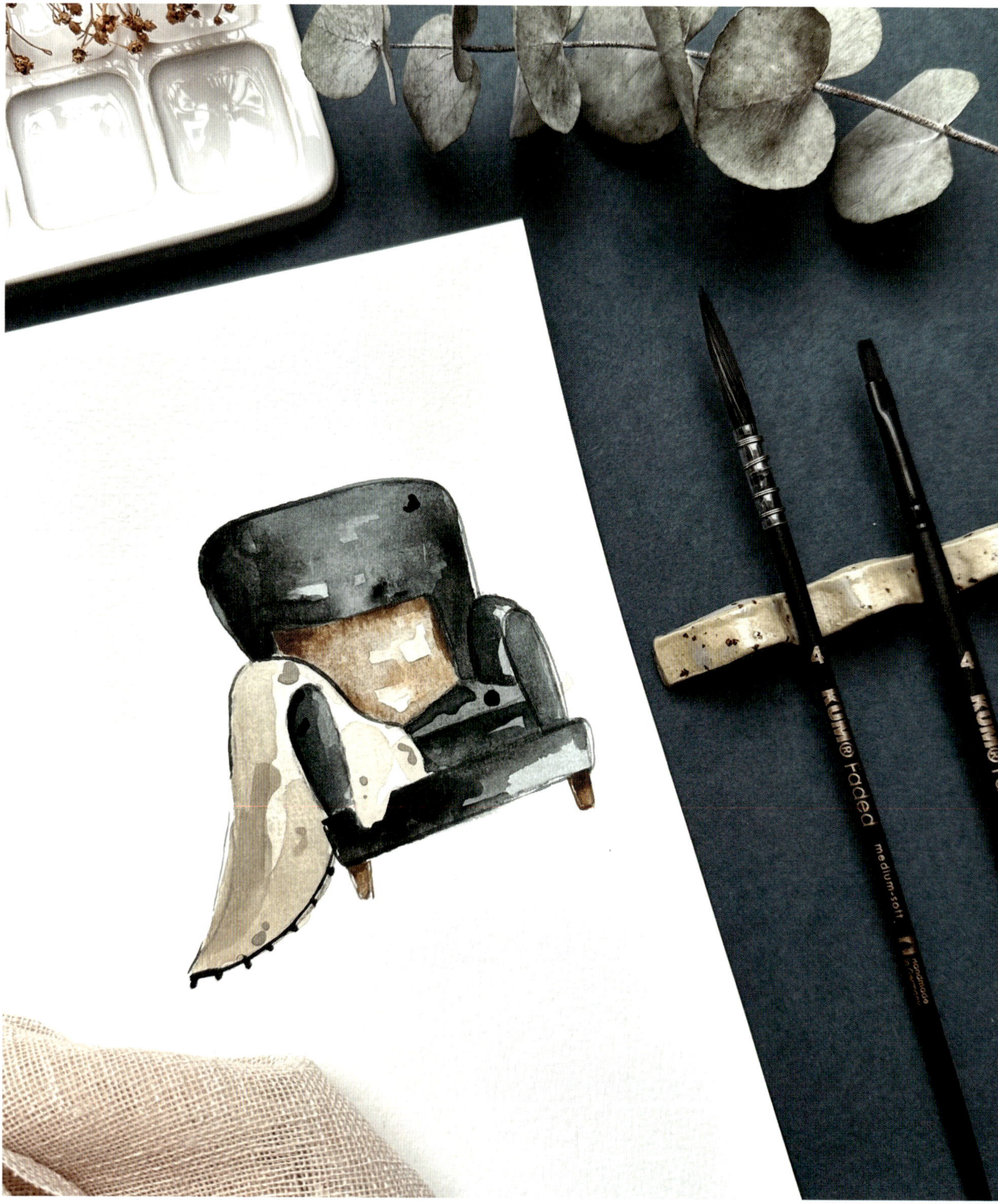
KUM® Faded
medium-soft
4

Grüner Sessel

Du musst natürlich nicht direkt eine ganze Interior-Szenerie auf dein Papier zaubern. Manchmal ist es bereits sehr schön, einzelne Elemente auf das Papier zu bringen. Hier habe ich mich für einen schönen gemütlichen Ohrensessel entschieden, der förmlich dazu einlädt, auf ihm Platz zu nehmen, zu verweilen und ein schönes Buch zu lesen. Findest du nicht auch?

Material

- Aquarellpinsel (KUM, pinsel.yoga-Set): Rundpinsel in der Größe 3/0 & 4
- Baumwoll-Aquarellpapier 300 g/m² matt (Hahnemühle Expression)
- wasservermalbarer Bleistift Faber Castell „Graphite Aquarelle“ 6B
- Aquarellfarben (Sennelier):

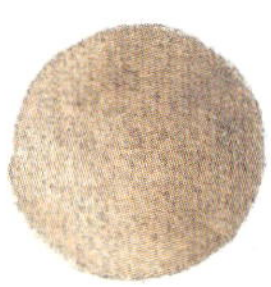

705 Warmgrau

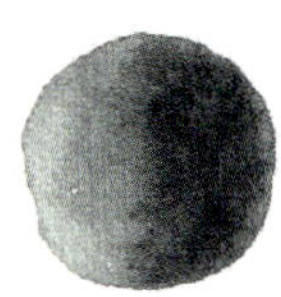

203 Umbra grünlich

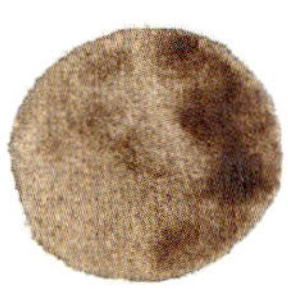

205 Umbra Natur

Schritt-für-Schritt-Anleitung

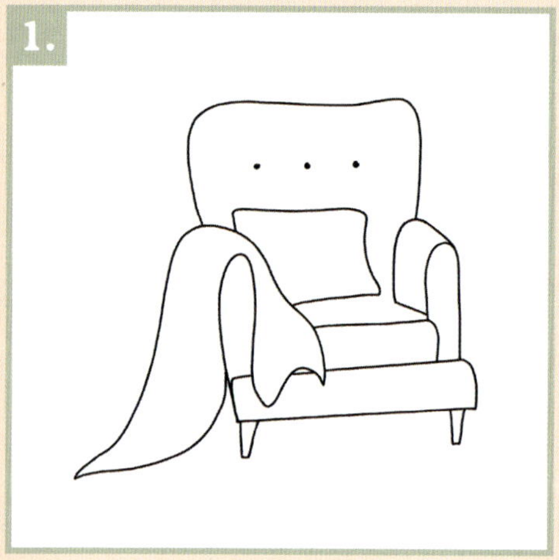

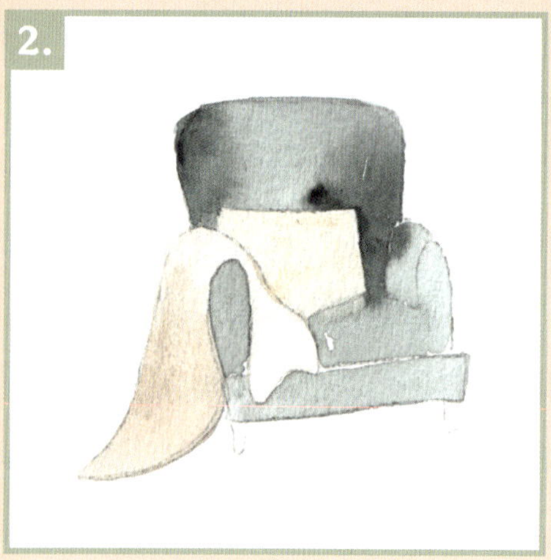

1. Auch wenn das Motiv relativ klein und einfach wirkt, würde ich dir eine Vorzeichnung ans Herz legen. Diese muss dabei auch gar nicht allzu detailliert sein. Sie hilft dir trotzdem dabei, die Größe und die Proportionen deines Motivs schön vorzugeben, sodass du dich voll und ganz auf das illustrieren und kolorieren konzentrieren kannst. Zeichne dir also nun zunächst den Sessel und die Decke vor. Hierfür nutze ich überwiegend einen hellgrauen Aquarellbuntstift oder einen wasservermalbaren Bleistift. Diese Stifte sind, wie der Name schon sagt, wasservermalbar. So ist trotz der transparenten und lasierenden Aquarellfarbe nach dem kolorieren nichts mehr von der Vorzeichnung zu sehen.

2. Ich grundiere mit einem Rundpinsel in der Größe 4 den Sessel in einem hellen Grünton, in diesem Fall Umbra grünlich Nr. 203, mit reichlich Wasser angemischt. Umbra grünlich von Sennelier ist ein recht farbintensiver Ton. Ich empfehle dir, reichlich Wasser zu verwenden. Ein Schmierpapier oder eine separate Farbkarte kann hilfreich sein, um die Farbmischungen zu testen. So verhinderst du, dass du zu dunkel startest, was in der Aquarellmalerei oftmals schwer zu korrigieren ist. Die Decke grundiere ich mit demselben Pinsel in einem hellen Beigeton (Warmgrau Nr. 705). Achte bei den unterschiedlichen Elementen darauf, dass die angrenzenden Flächen bereits getrocknet sind, damit die Farben sich nicht untereinander mischen. Anschließend lasse ich die Grundierung dann gut trocknen.

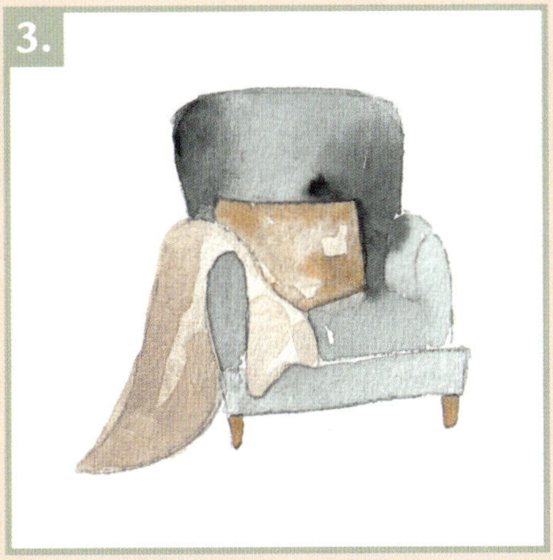

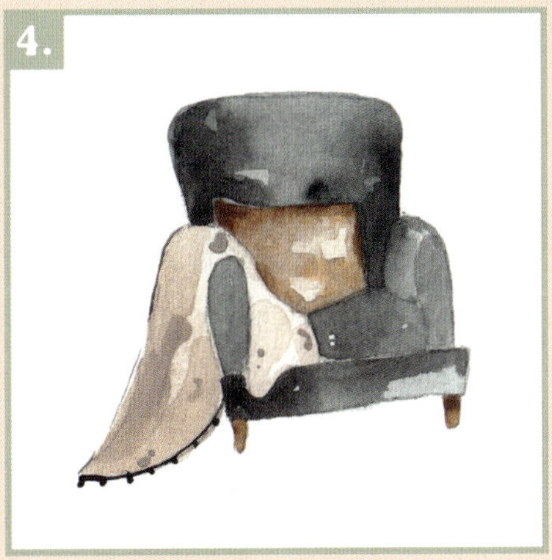

3. Mit einer 2. und 3. Schicht verleihe ich dem Motiv noch mehr Tiefe. Hierfür gebe ich nass-auf-trocken noch mal Farbe auf die einzelnen Elemente und nutze wiederum den Rundpinsel in der Größe 4. Ich verwende hierbei die jeweiligen Farben, die ich bereits im vorherigen Schritt eingesetzt habe. Durch das Schichten der einzelnen Farben, wirken die Stellen automatisch dunkler. Ich achte darauf, dass ich beispielsweise nicht den ganzen Sessel noch mal grundiere, sondern dass ich nur partiell erneut Farbe auftrage. So kannst du Schritt für Schritt Plastizität in deinem Motiv erzeugen. Dies gilt ebenso für den Sessel, die Decke und das Kissen. Lasse auch diese Schichten jeweils gut durchtrocknen.

4. Im letzten Schritt schaffe ich nochmals mehr Tiefe durch Schatten, Punkte und Sprenkel. Für Details wie Konturen nutze ich dabei einen feinen Rundpinsel in der Größe 3/0. Wie du siehst, wird das Motiv von Schritt zu Schritt jeweils dunkler und kontrastreicher.

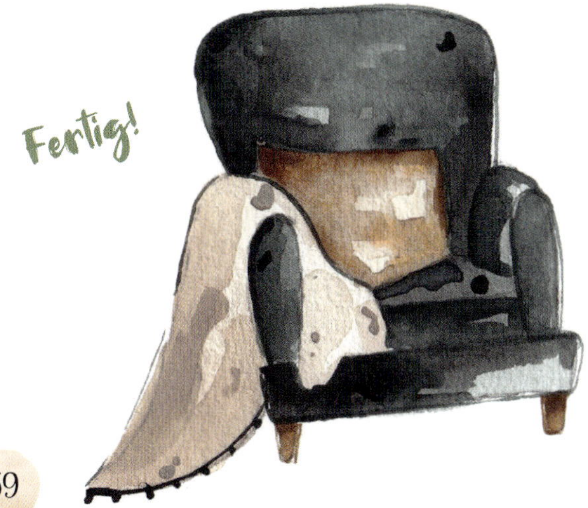

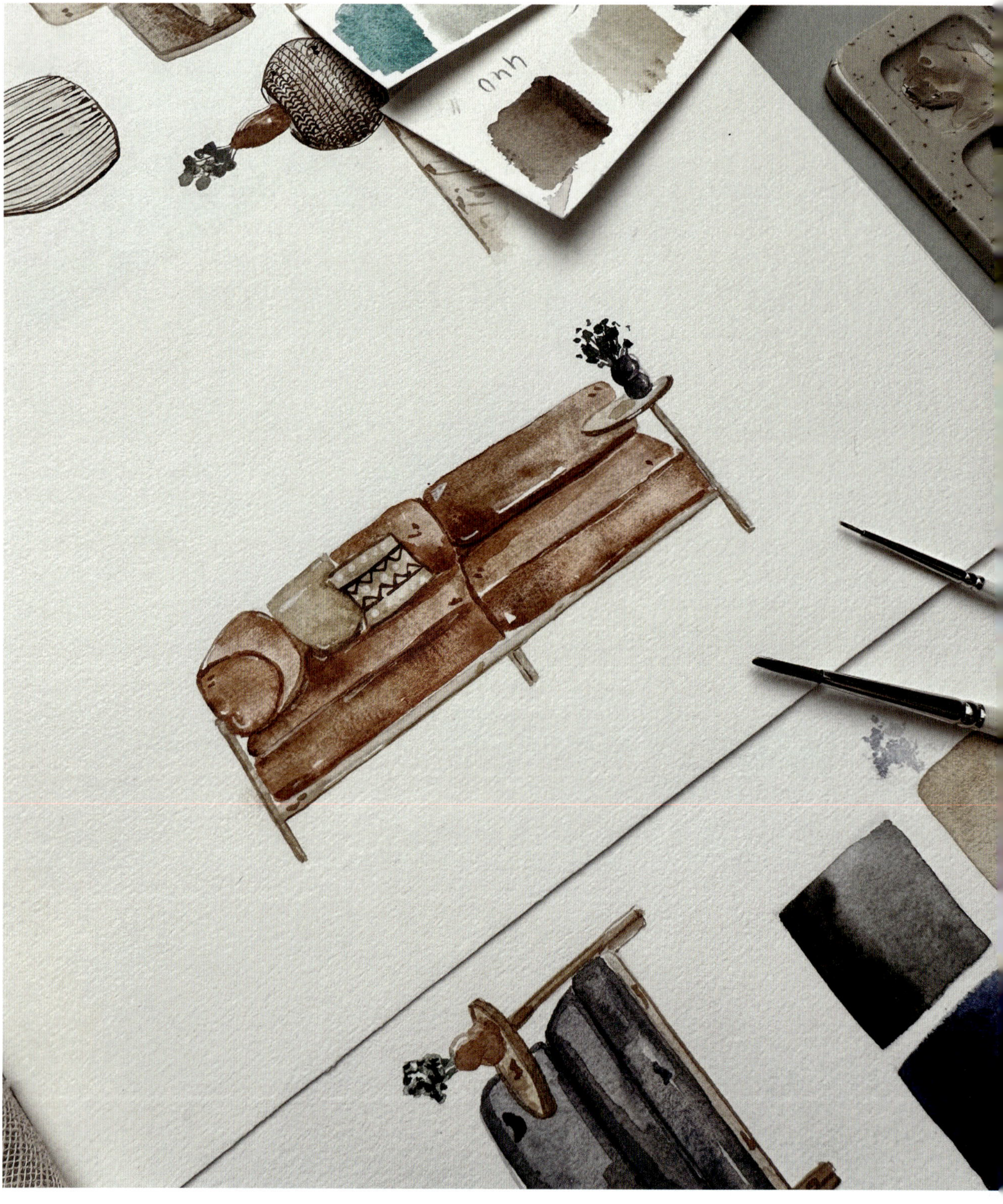

Sofa

Natürlich darf auch ein modernes Sofa in meiner skandinavischen Interiorsammlung „auf Papier“ nicht fehlen. Im Malprozess habe ich es zum Ausprobieren in zwei verschiedenen Farben gestaltet. Gerade etwas kleinere und simplere Motive eignen sich für solche Experimente wirklich hervorragend.

Material

- Aquarellpinsel (KUM, pinsel.yoga-Set):
  Rundpinsel in der Größe 3/0 & 4
- Baumwoll-Aquarellpapier 300 g/m² matt (Hahnemühle Expression)
- wasservermalbarer Bleistift Faber Castell „Graphite Aquarelle“ 6B
- Gelstift in Weiß in der Größe 10 (Gelly Roll Sakura)
- Aquarellfarben (Sennelier):

705 Warmgrau

205 Umbra Natur

211 Sienna gebrannt

623 Venezianisches Rot

395 Blau Indanthren

203 Umbra grünlich

Schritt-für-Schritt-Anleitung

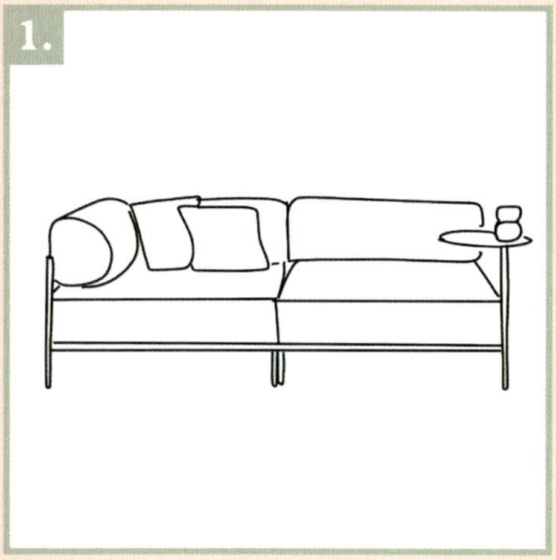

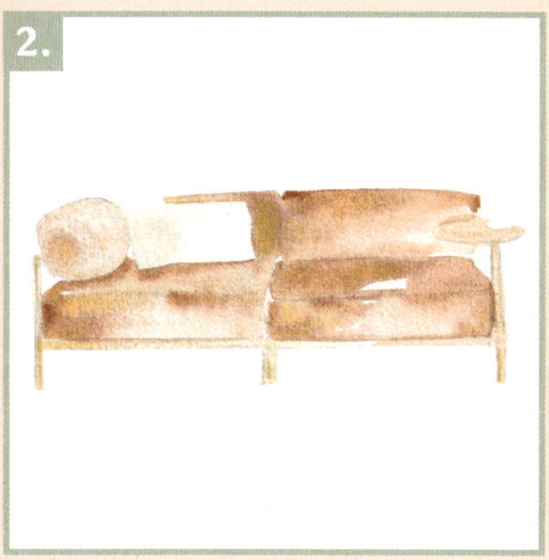

1. Bei dem Sofamotiv starten wir zunächst mit einer Bleistiftskizze. Diese hilft mir dabei, gerade „geometrische“ Motive optimal zu strukturieren und die Proportionen gut beizubehalten. Denn oftmals klappt nicht jeder Entwurf im 1. Versuch. Somit kann ich beispielsweise schief stehende Sofabeine oder andere optische Fehler minimieren.

2. Im zweiten Schritt grundiere ich meine Illustration mit einem Rundpinsel in der Größe 4 und einem hellen Farbton. Diesen kannst du erreichen, indem du reichlich Wasser zu deiner Aquarellfarbe – in diesem Fall eine Mischung aus Siena gebrannt Nr. 211 und Umbra Natur Nr. 205 – gibst. Bereits bei der Grundierung achte ich darauf, die einzelnen Sofaelemente getrennt voneinander zu kolorieren. So erschaffst du direkt eine optische Trennung, und die Farben laufen nicht so schnell ineinander. Die Kissen grundiere ich mit einem hellen Beigeton (Warmgrau Nr. 705). Für die Holzbeine und den Sofatisch nutze ich den Farbton Umbra natur Nr. 205. Für die kleineren Elemente, wie die Sofabeine, kannst du auch gerne einen kleineren Rundpinsel benutzen.

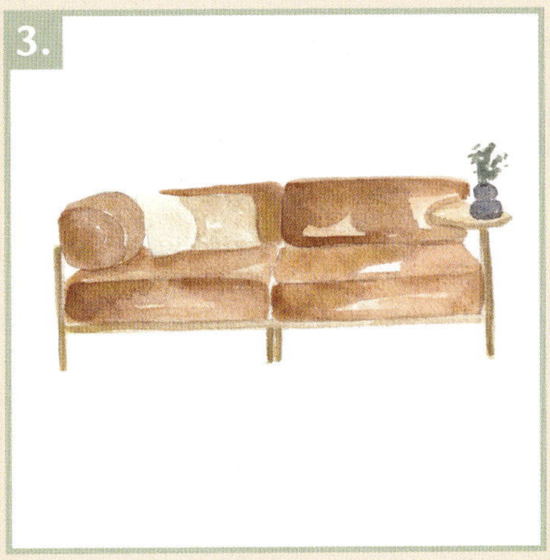

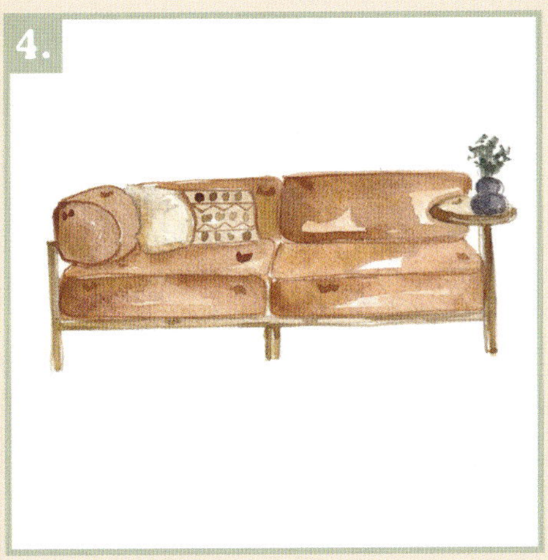

3. Nachdem die erste Grundierung gut getrocknet ist, trage ich die jeweiligen Farben in einem zweiten Durchgang erneut auf das Papier auf. Hierbei spare ich aber bewusst einige Teile des Motivs aus, sodass helle und dunkle Stellen im Sofa entstehen und die ganze Illustration dadurch etwas plastischer aussieht. Um etwas präziser zu arbeiten, nutze ich nun einen kleineren Rundpinsel in der Größe 3/0.

4. Im letzten Schritt dreht sich alles um die kleinen, aber feinen Details in der Illustration. Mit einem feinen Rundpinsel in der Größe 3/0 kannst du nun das Sofa und die einzelnen Elemente, wie die Beine und den Tisch, leicht konturieren. Dabei weiche ich auch gerne einmal von dem Motivrand ab, um einen zusätzlichen Weißraum zu schaffen. Dies wirkt immer schön locker. Die Kissenstruktur kannst du auch mit dem feinen Rundpinsel und einem dunkleren Umbra Naturton illustrieren. Ein paar weitere Schatten und Kleckse hinzugefügt – und deine Illustration kann sich wirklich sehen lassen. Highlights kannst du am Ende noch mit dem weißen Gelstift setzen. Dieser deckt ganz wunderbar über den vorher aufgetragenen Aquarellfarben.

Probiere das Motiv doch gerne auch nochmal in einer anderen/zweiten Farbe aus.

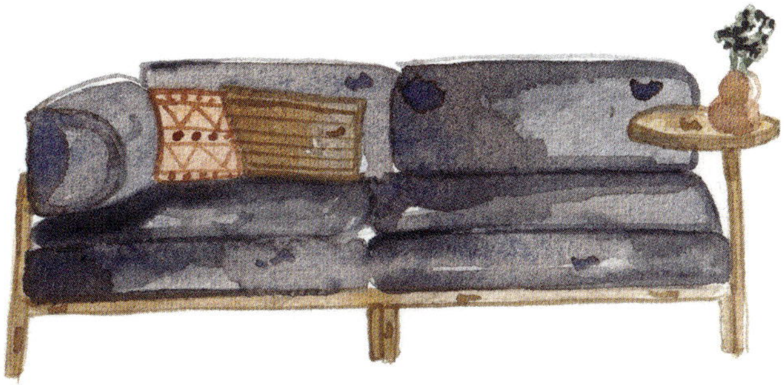

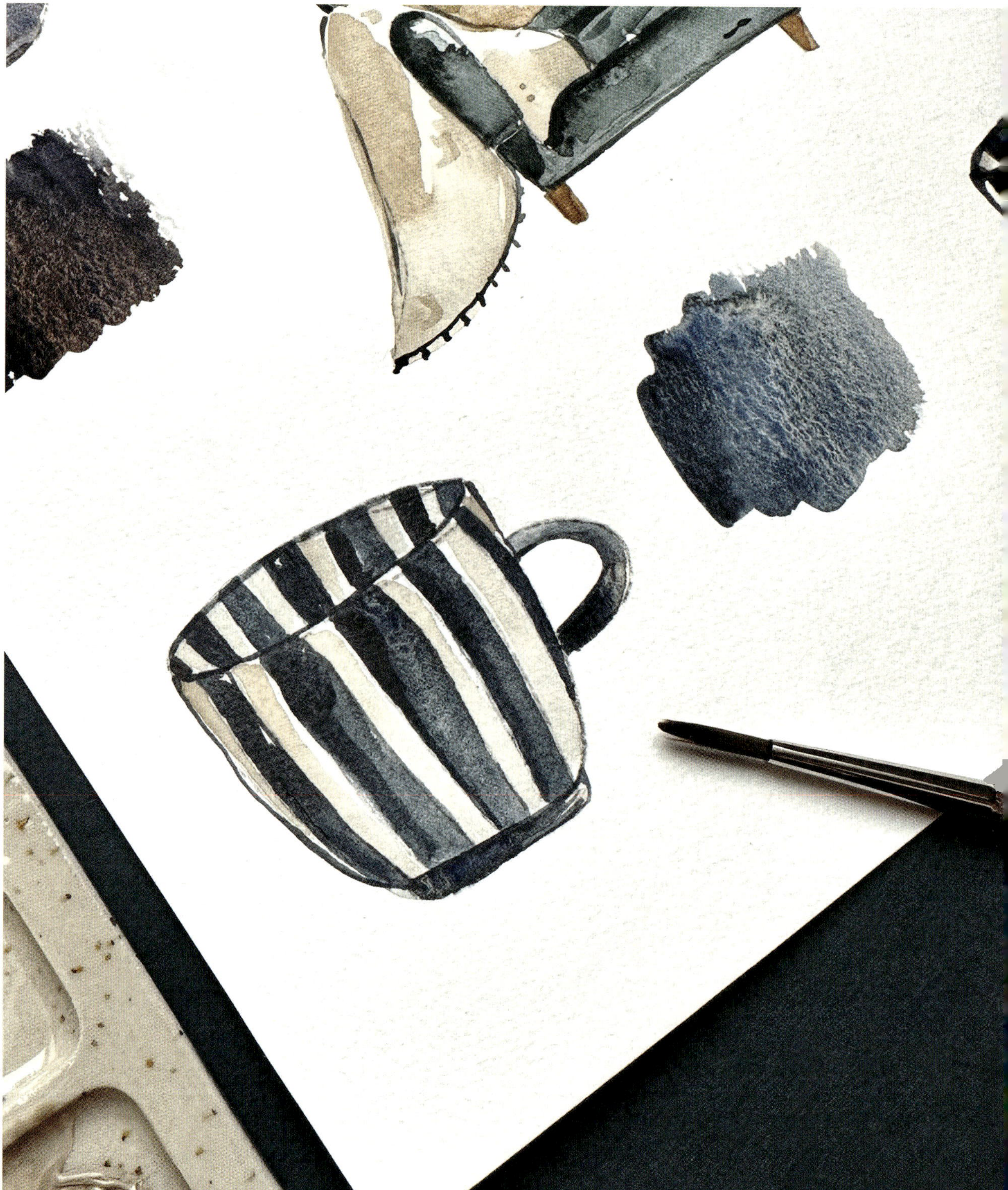

Tasse

Wenn ich an Hygge und Gemütlichkeit denke, habe ich direkt eine kalte, dunkle Jahreszeit vor Augen, in der man es sich zu Hause so richtig gemütlich macht. Am besten mit einer Tasse frisch aufgebrühtem heißem Tee, eingekuschelt in eine warme wohlige Decke auf dem Sofa.

Material

- Aquarellpinsel (KUM, pinsel.yoga-Set):
  Rundpinsel in der Größe 3/0 & 4
- Baumwoll-Aquarellpapier 300 g/m² matt (Hahnemühle Expression)
- wasservermalbarer Bleistift Faber Castell „Graphite Aquarelle“ 6B
- Aquarellfarben (Sennelier):

705 Warmgrau

755 Elfenbeinschwarz

395 Blau Indanthren

Schritt-für-Schritt-Anleitung

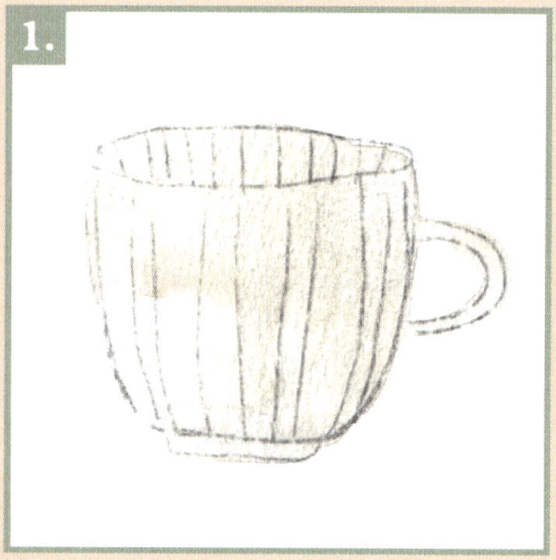

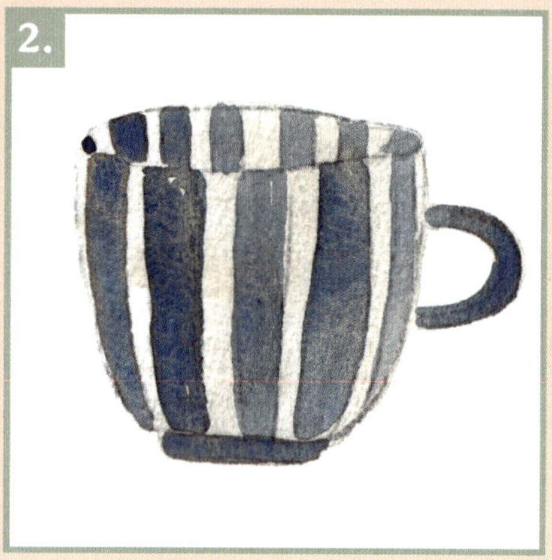

1. Selbst wenn ich nur kleine Aquarellelemente illustrieren möchte, hilft mir eine Vorzeichnung dabei, die Proportionen beizubehalten. Natürlich kannst du aber auch ohne eine Vorzeichnung direkt im „Loose-Watercolor-Stil" loslegen. Nachdem ich die Vorzeichnung mit einem wasservermalbaren Bleistift auf das Papier gebracht habe, grundiere ich die Teetasse mit einem hellen Grauton (Warmgrau Nr. 705) und einem Rundpinsel in der Größe 4. Diese Farbschicht anschließend gut trocken lassen.

2. Als Nächstes können wir die einzelnen Streifen der Keramik illustrieren. Ich nutze einen Blauton, der einen schönen Kontrast zu dem hellen Beige bildet, und mische dafür die beiden Farbtöne Blau Indanthren Nr. 395 und etwas Schwarz Nr. 755. Da beide Töne leicht granulieren, ergibt sich ein toller Struktureffekt auf dem Papier. Bei der ersten Grundierung kannst du aber auch hier noch mit einer helleren Farbmischung arbeiten.

3.

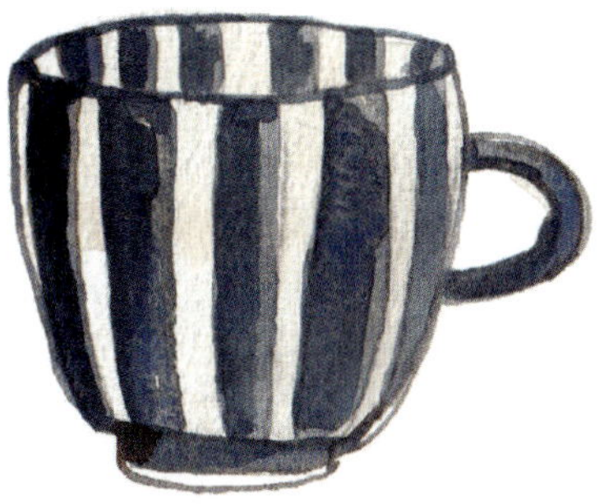

4.

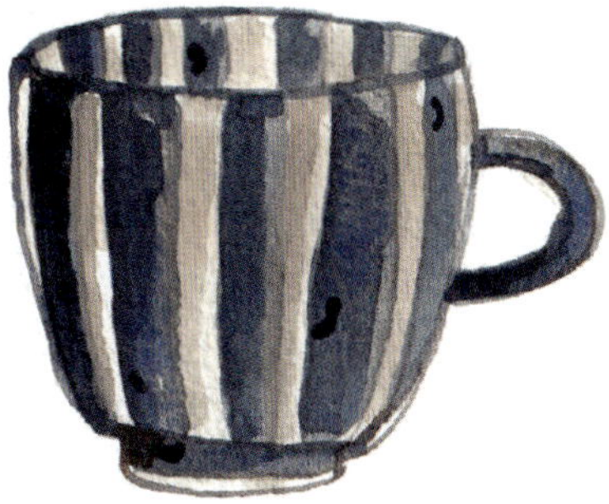

3. Nachdem auch die zweite Grundierung gut durchgetrocknet ist, können wir mit einem dunkleren Blauton Schatten setzen. Dafür nutze ich ebenfalls den Rundpinsel in der Größe 4 und koloriere nur einzelne Stellen der Grundierung erneut, um einen Schatteneffekt zu erzeugen. Dabei kannst du dich beispielsweise an echten Tassen oder auch an Fotos orientieren. Ich habe versucht, jeweils die linke Seite der Keramikstreifen etwas zu schattieren. Lass die blauen Streifen dann gut trocknen.

4. Im letzten Schritt schattiere ich noch die beigen Keramikelemente, das Tasseninnere, den Boden sowie den Griff. Dabei kannst du für die beigen Elemente den Warmgrauton und für die dunklen Flächen Blau oder auch Schwarz einsetzen. Ich mag es besonders, dem Motiv mit feinen Strichen und kleinen Farbklecksen den letzten Schliff zu verleihen. Hierfür kannst du gerne auf einen kleineren Rundpinsel in der Größe 3/0 zurückgreifen.

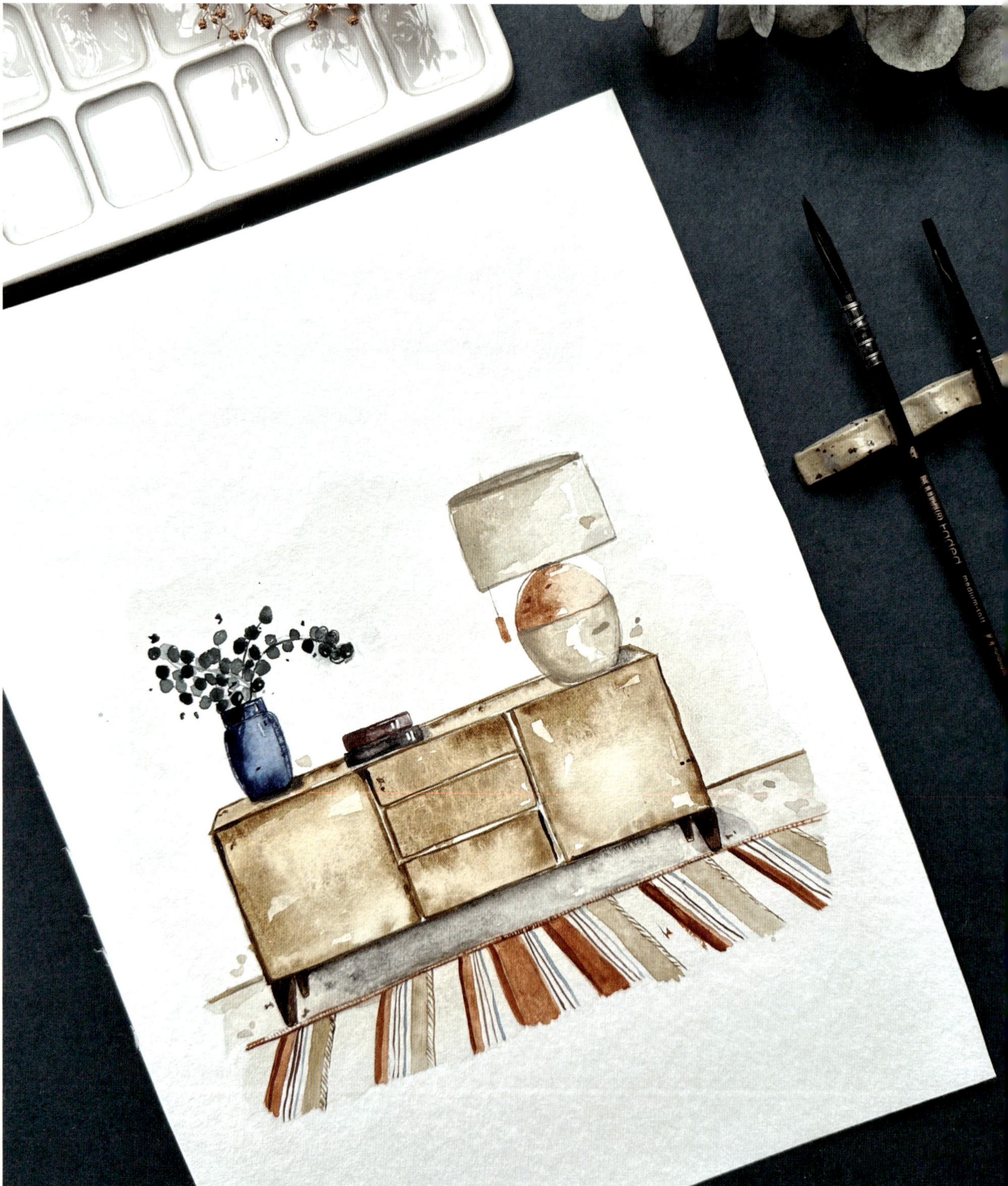

Kommode

Daheim ist es immer noch am schönsten. Ein hyggeliges Zuhause beinhaltet warme, natürliche Farben, reduzierte, aber dennoch gemütliche Möbel und eine Mischung aus verschiedenen Texturen, wie zum Beispiel Holzmöbel, Parkettböden und Teppiche. Getoppt wird das Ganze mit meinen liebsten Büchern, einem Blumenstrauß oder einer Pflanze. Ich habe versucht, diese Stimmung in meiner nächsten Illustration der Kommode einzufangen.

Material

- Aquarellpinsel (KUM, pinsel.yoga-Set):
  Rundpinsel in der Größe 3/0 & 4; French Schlepper Größe 4
- Baumwoll-Aquarellpapier 300 g/m^2 matt (Hahnemühle Expression)
- wasservermalbarer Bleistift Faber Castell „Graphite Aquarelle“ 6B
- Aquarellfarben (Sennelier):

705 Warmgrau

566 Neapelgelb dunkel

205 Umbra Natur

211 Sienna gebrannt

623 Venezianisches Rot

395 Blau Indanthren

203 Umbra grünlich

440 Sepia Warm

755 Elfenbeinschwarz

Schritt-für-Schritt-Anleitung

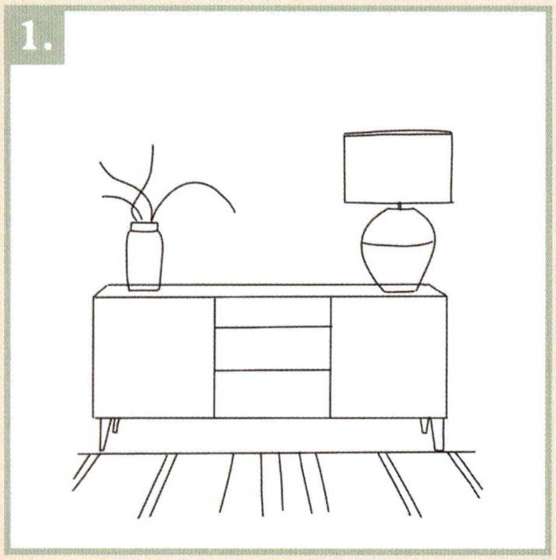

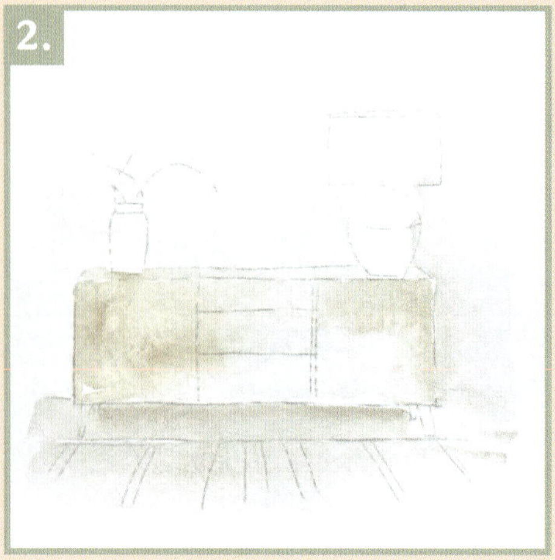

1. Übertrage im ersten Schritt die Vorlage der Kommode mithilfe eines Aquarellbleistiftes auf dein Aquarellpapier. Natürlich kannst du die Interiorszene auch gerne per Hand skizzieren und ohne die Vorlage arbeiten. Ich finde aber, dass eine Vorzeichnung in jedem Fall hilfreich ist, um Interiormotive schön umsetzen zu können. Sie helfen dir dabei, die Proportionen in der Illustration stimmig zu gestalten. Hierfür verwende ich gerne einen wasservermalbaren Bleistift, dieser ist am Ende in der Illustration nicht mehr erkennbar, da er sich mit den Aquarellfarben vermischt. Trotzdem achte ich darauf, die Vorzeichnung mit einer leichten Hand auf das Papier zu übertragen, damit diese nicht allzu dunkel wird. Alternativ kannst du sie natürlich auch gerne etwas heller radieren. Während die Kommode trocknet, kannst du jedoch dem Teppich schon etwas Struktur verleihen. Hierbei kannst du Sienna gebrannt (Nr. 211) verwenden und unterschiedlich dicke Farbstreifen darauf malen.

2. Um die Grundierung vorzubereiten, feuchtest du das Aquarellpapier gründlich mit Wasser mithilfe des French Schlepperpinsels in der Größe 4 an. Achte dabei darauf, dass keine Wasserpfützen auf dem Papier entstehen. Solange die Fläche noch nass ist, kannst du etwas von der beigen Aquarellfarbe (Warmgrau Nr. 705) in das Bild hineingeben. Wichtig ist, dass du die Wand und den Boden nur ganz hell grundierst. Die Kommode kannst du mit einem hellen Umbra Naturton (Nr. 205) grundieren.

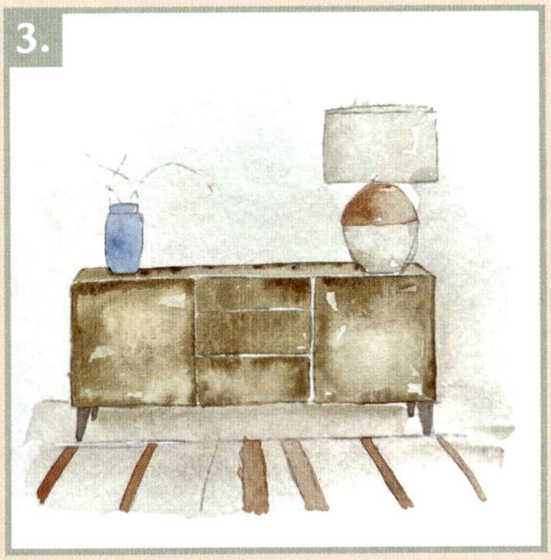

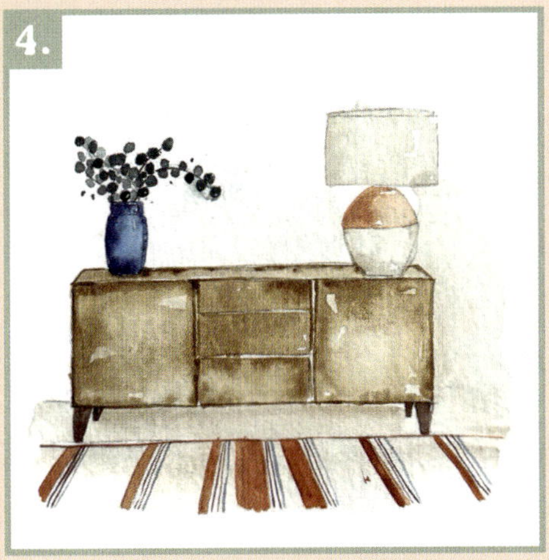

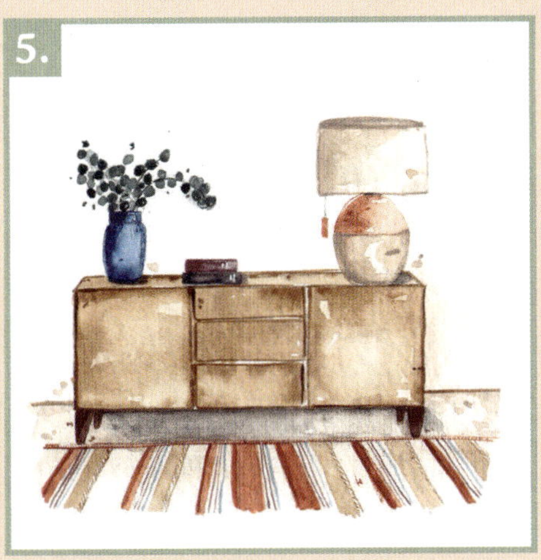

3. Sobald die Grundierung gut durchgetrocknet ist, können wir die einzelnen Elemente gestalten. Hierfür verwende ich den Rundpinsel in der Größe 4. Als Erstes starte ich mit der weiteren Grundierung der Kommode in Umbra Natur (Nr. 205). Die einzelnen Flächen kannst du dabei nass-in-nass bearbeiten, sodass du beispielsweise hinten an der Wand etwas dunkler arbeitest, damit die Kommode plastischer wirkt. Die einzelnen Kommodenelemente wie die Türen grundiere ich dabei nach und nach, damit die Flächen nicht ineinander verlaufen. Lass die Kommode zunächst trocknen, bevor du die kleineren Elemente wie die Lampe und die Vase grundierst. Während die Kommode trocknet, kannst du jedoch dem Teppich schon etwas Struktur verleihen. Dafür kannst du Siena gebrannt (Nr. 211) verwenden und unterschiedlich dicke Farbstreifen darauf malen.

4. Nun kannst du Schritt für Schritt deine Illustration immer detailreicher gestalten. Zum Beispiel füge ich als Nächstes Eukalyptuszweige in die blaue Vase hinzu. Diese male ich mit Umbra grünlich Nr. 203. Dem Teppich kannst du noch blaue Farbstreifen (Nr. 395) mit dem kleinen Rundpinsel in 3/0 hinzufügen.

5. Im letzten Schritt ergänze ich noch einige Schatten. Misch dir hierfür am besten einen hellen Grauton aus Elfenbeinschwarz Nr. 755 und reichlich Wasser an. Den Schatten unter der Kommode setze ich mit dem French Schlepper in der Größe 4, da ich mit diesem wunderbar locker arbeiten kann. Für die kleineren Schatten nutze ich gerne die beiden Rundpinsel. Natürlich kannst du auch noch die Bücher farbig gestalten und der Lampe eine Schnur zum An- und Ausschalten verpassen.

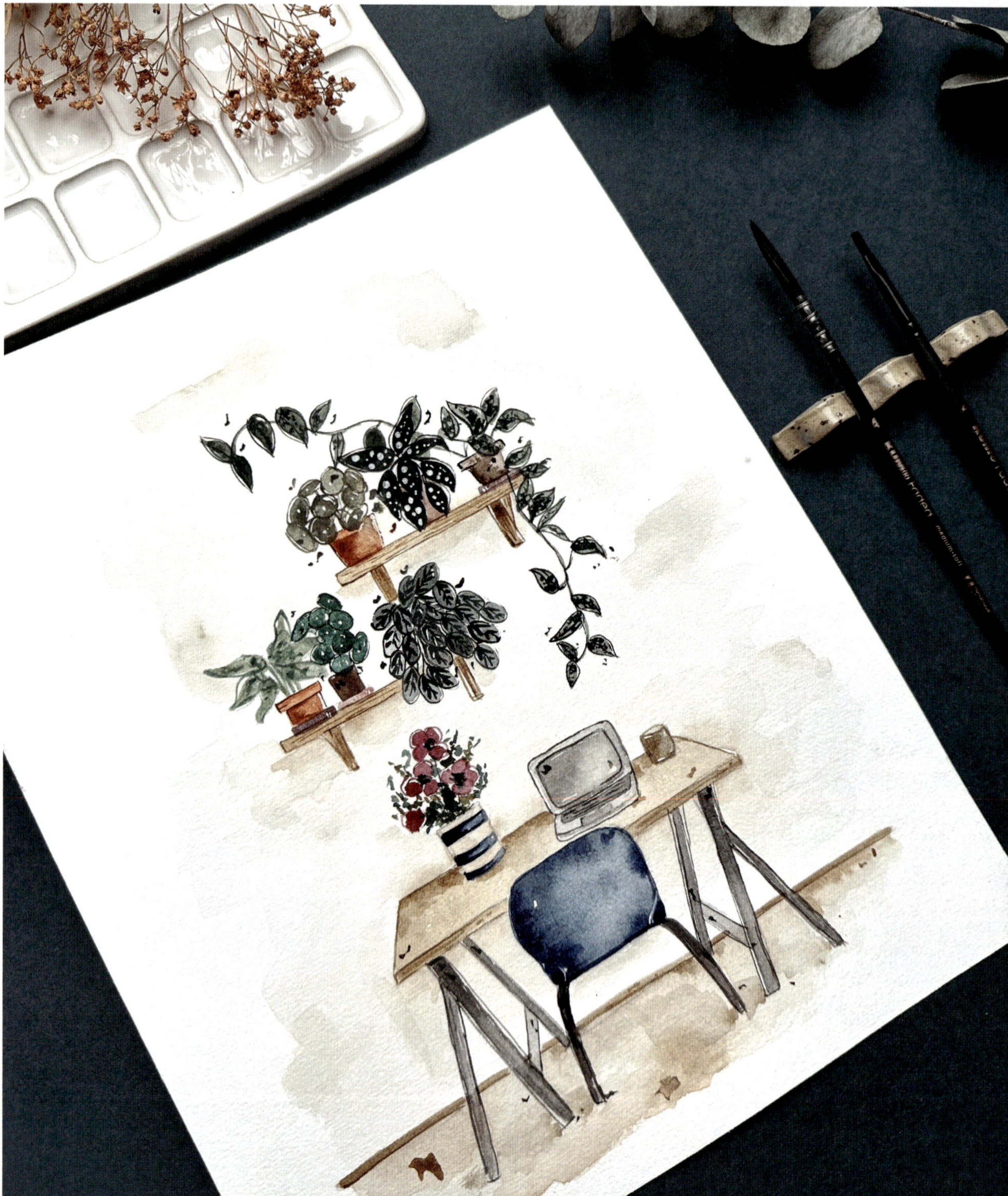

Schreibtisch

Grün macht glücklich – in meinem Fall sind das Grünpflanzen, ob auf dem Papier oder in echt in meiner Wohnung. Für mich tragen sie maßgeblich zum Wohlfühlfaktor bei. Mithilfe von Zimmerpflanzen kann ich das Draußen wunderbar nach drinnen holen und mir eine hyggelige Atmosphäre schaffen. Dabei träume ich von einem Kreativ- und Arbeitsplatz wie diesem hier.

Material

- Aquarellpinsel (KUM, pinsel.yoga-Set): Rundpinsel in der Größe 3/0 & 4; French Schlepper Größe 4; Flachpinsel Größe 8
- Baumwoll-Aquarellpapier 300 g/m² matt (Hahnemühle Turner)
- wasservermalbarer Bleistift Faber Castell „Graphite Aquarelle“ 6B
- Gelstift in Weiß in der Größe 10 (Gelly Roll Sakura)
- Aquarellfarben (Sennelier):

705 Warmgrau

566 Neapelgelb dunkel

205 Umbra Natur

211 Sienna gebrannt

623 Venezianisches Rot

359 Blau Indanthren

213 Grüne Erde

203 Umbra grünlich

440 Sepia warm

755 Elfenbeinschwarz

Schritt-für-Schritt-Anleitung

1.
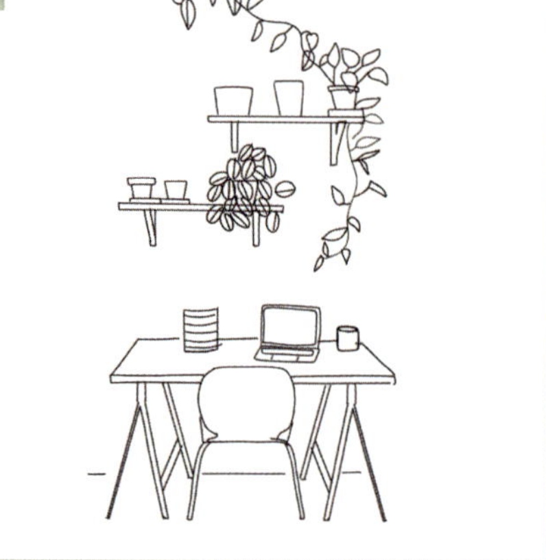

1. Bei komplexeren Motiven wie diesem hier starte ich zunächst mit einer Skizze, die ich mit einem Aquarellbuntstift auf meinem Aquarellpapier anfertige. Du kannst dir die entsprechende Vorlage gerne ausdrucken und im ersten Schritt auf dein Aquarellpapier übertragen. Eine Vorzeichnung hilft dir in jedem Fall, um dein Interiormotiv schön umsetzen zu können. So kannst du die Proportionen in der Illustration stimmig gestalten. Außerdem hast du in den nachkommenden Schritten dann den Kopf frei, um deine eigene Farbwelt zu definieren.

2.
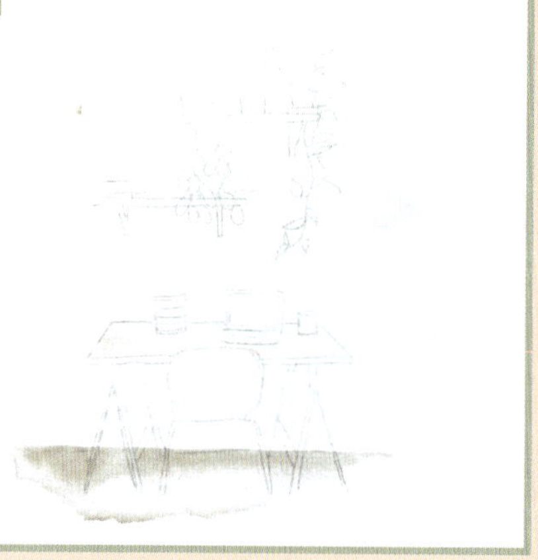

2. Nach der Vorzeichnung kannst du mit dem French Schlepper in der Größe 4 dein Aquarellpapier mit Wasser grundieren und einen hellen Beigeton (Warmgrau Nr. 705) in die noch nassen Flächen an der Wand und auf dem Boden hineintupfen. Ich finde es immer eine Herausforderung, weiße Flächen auf einem weißen Aquarellpapier zu gestalten. Daher wähle ich hierfür oftmals einen hellen Beigeton. Wenn es dir ohne den Schritt besser gefällt, kannst du natürlich auch direkt mit dem Boden starten. Den Boden grundiere ich etwas dunkler im Vergleich zu der helleren Wand. Wenn du den Pinsel flach zum Papier hältst, erhältst du diese schöne Kante am Rand der Aquarellgrundierung. Lasse die Grundierung daraufhin gut trocknen.

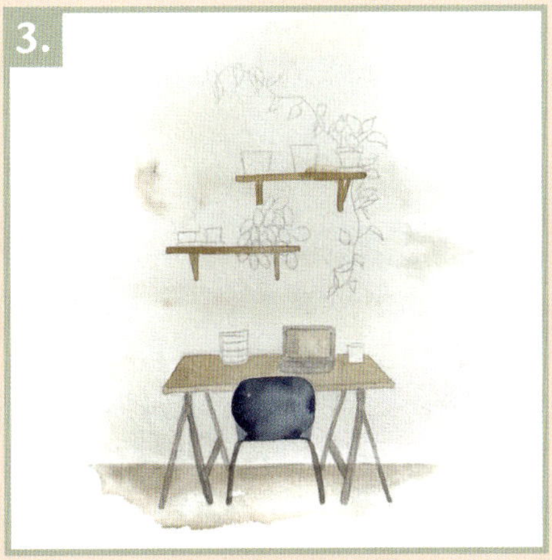

3.

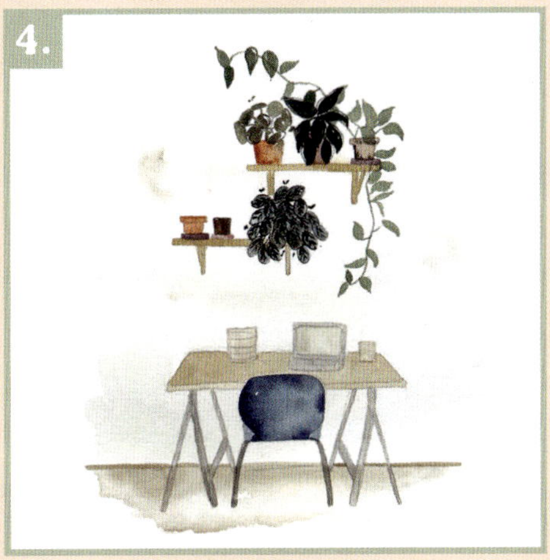

4.

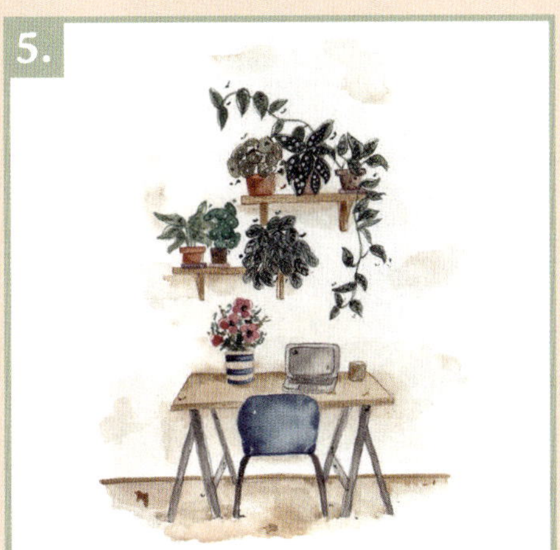

5.

3. Nun kannst du die kleineren Elemente in deinem Bild illustrieren. Dabei arbeite ich gerne von groß nach klein. Hierfür empfehle ich dir den Rundpinsel in der Größe 4. Am besten beginnst du mit dem Schreibtisch in einem dunkleren Beigeton (Warmgrau Nr. 705), mit weniger Wasser angemischt. Für gerade Flächen, wie sie bei dem Schreibtisch zu finden sind, nutze ich sehr gerne einen Flachpinsel (Größe 8). Für die Regale habe ich Umbra Natur Nr. 205 als Holzton gewählt. Den Schreibtischstuhl würde ich erst grundieren, sobald der Schreibtisch gut getrocknet ist. Ansonsten laufen die Farben schnell ineinander. Dafür habe ich den Ton Blau Indanthren Nr. 395 genutzt.

4. Im nächsten Schritt kannst du die einzelnen Pflanzen ergänzen. Hierfür habe ich Grüne Erde und Umbra grünlich sowohl einzeln als auch gemischt mit unterschiedlichen Farben verwendet. Deine Illustration wirkt gleich lebendiger, wenn du verschiedene Farbvariationen verwendest. Grün kannst du wunderbar mit Blau, Braun oder auch Ocker abtönen. Die passenden Blumentöpfe habe ich in verschiedenen Brauntönen wie beispielsweise Siena gebrannt Nr. 211 und Sepia Warm Nr. 440 ergänzt. Anschließend alles gut trocknen lassen.

5. Im letzten Schritt kannst du nochmals einige Details ergänzen. Hierfür verwende ich meist einen weißen Gelstift, Fineliner oder auch Buntstifte. Gerade bei kleinteiligen Motiven ist dies oft einfacher, als alles mithilfe von Aquarellfarben zu illustrieren. Die kleineren Details ergänze ich mit dem Rundpinsel in der Größe 3/0.

Interior Bibliothek

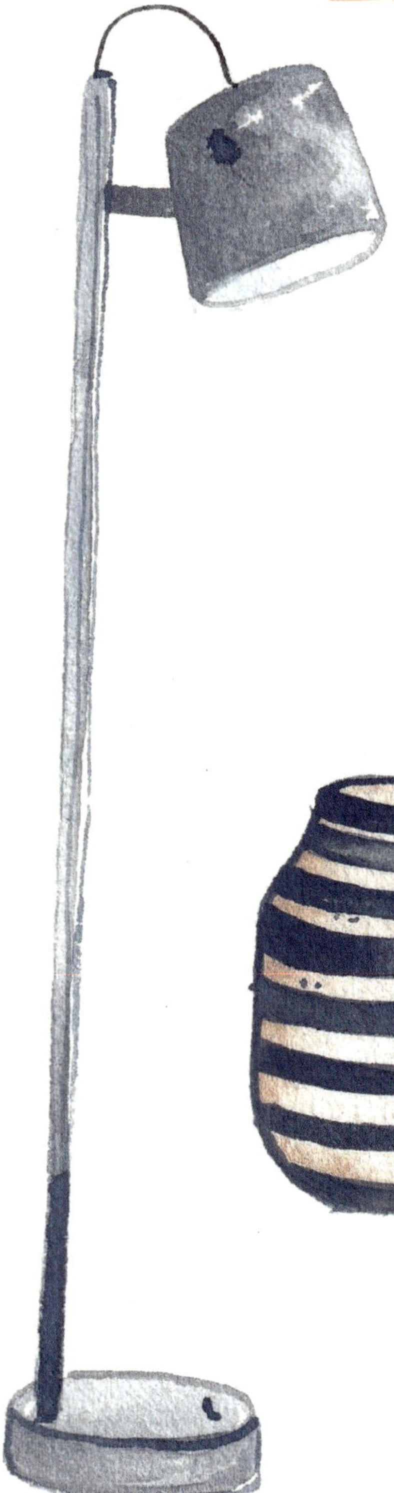

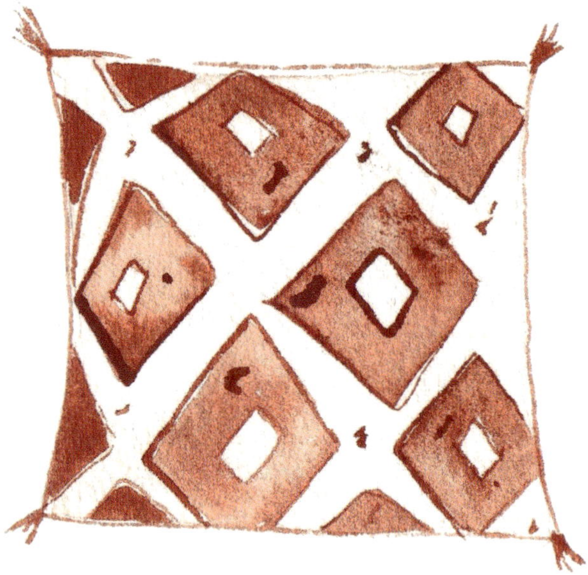

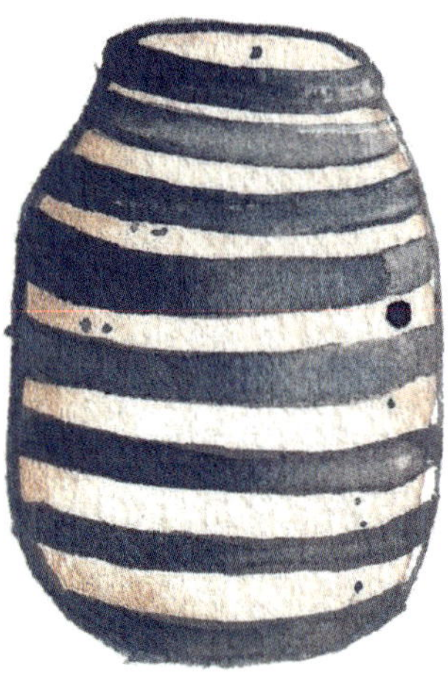

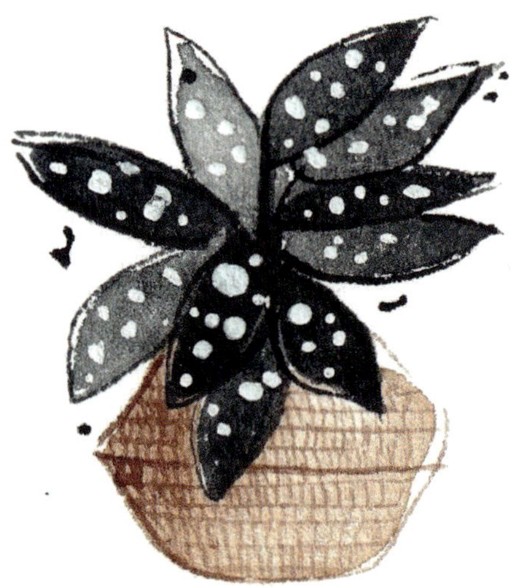

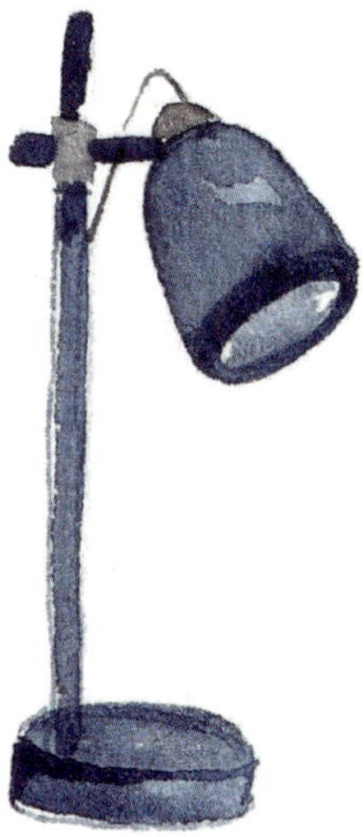
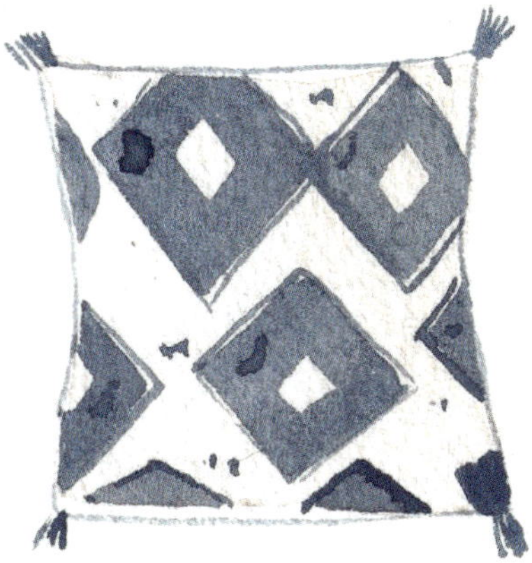
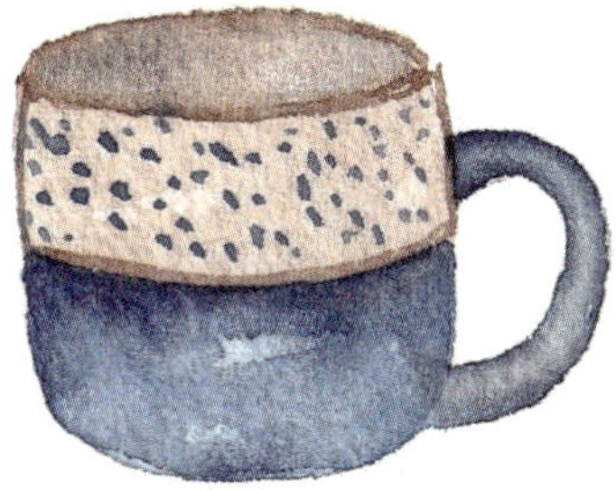
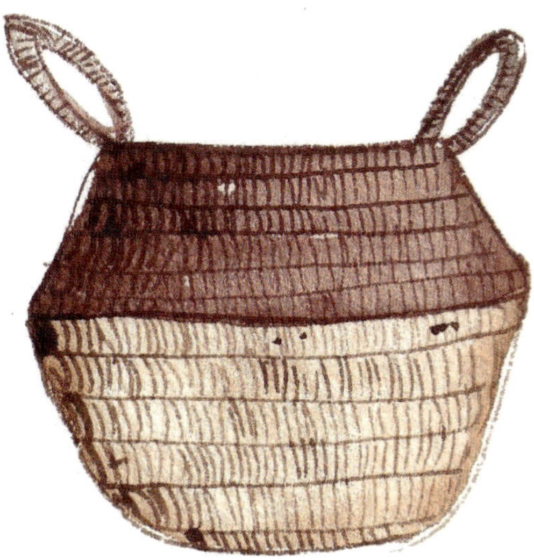
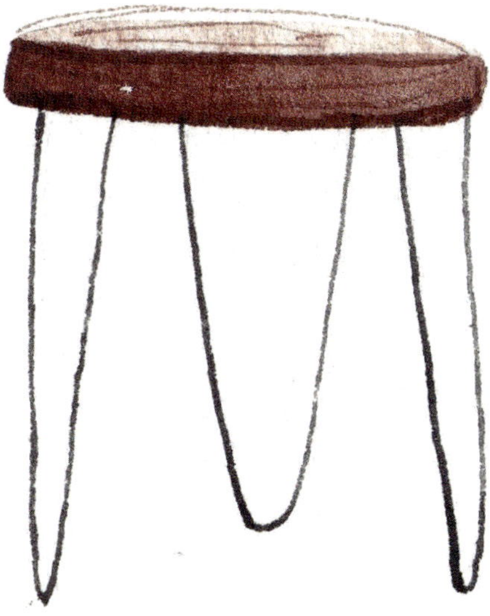

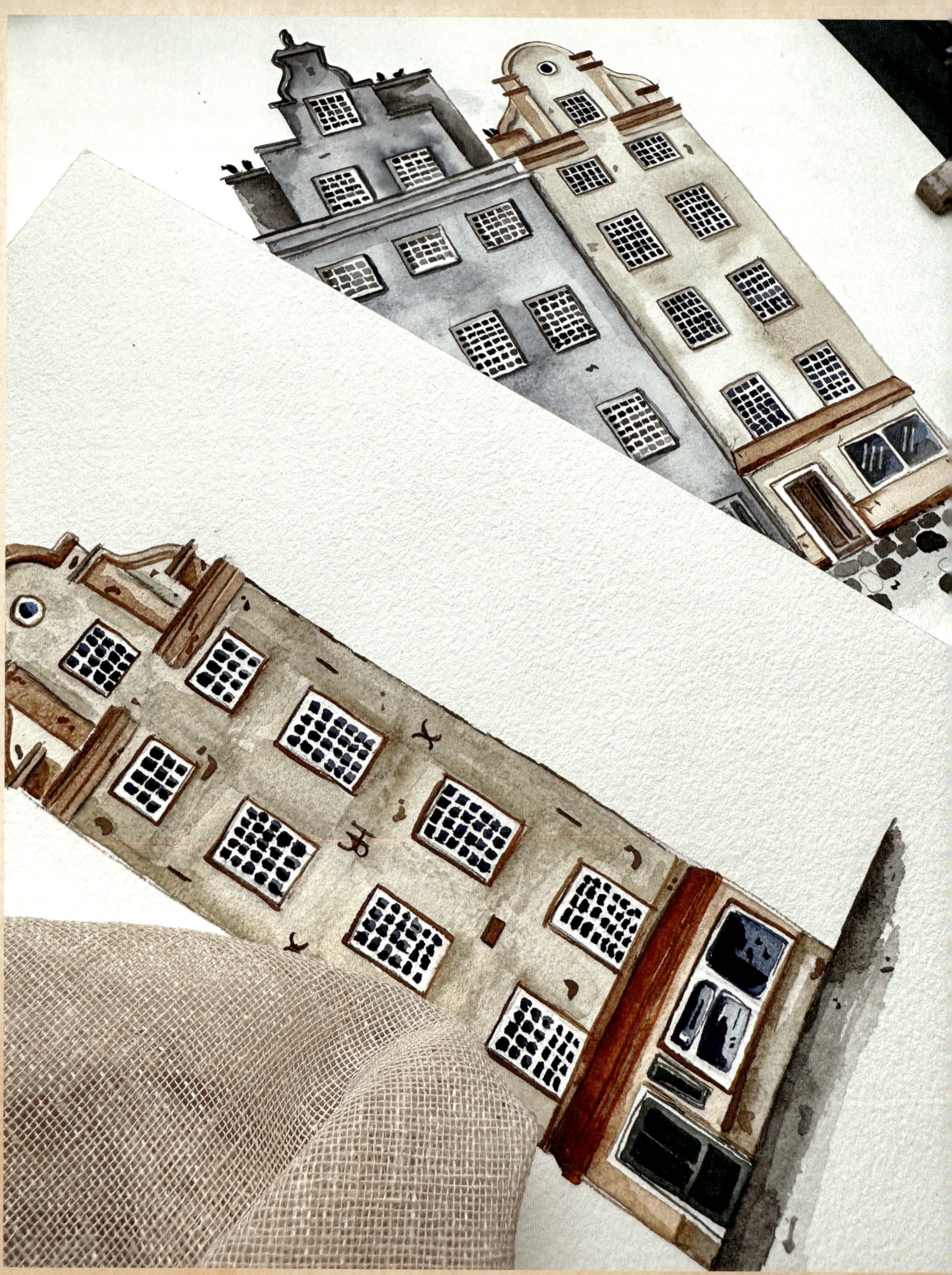

Urban Watercolor

Eine weitere große Leidenschaft von mir ist Urban Watercolor. Daher war mir sofort klar, dass ich dir in diesem Buch auch einige urbane Motive vorstellen möchte. Sie sind meist etwas zeitaufwendiger – aber es lohnt sich wirklich! Löse dich vor allem von dem Gedanken, dein Bild in einem Rutsch fertigstellen zu „müssen“ – ich male urbane Motive auch oftmals in mehreren Malsessions.

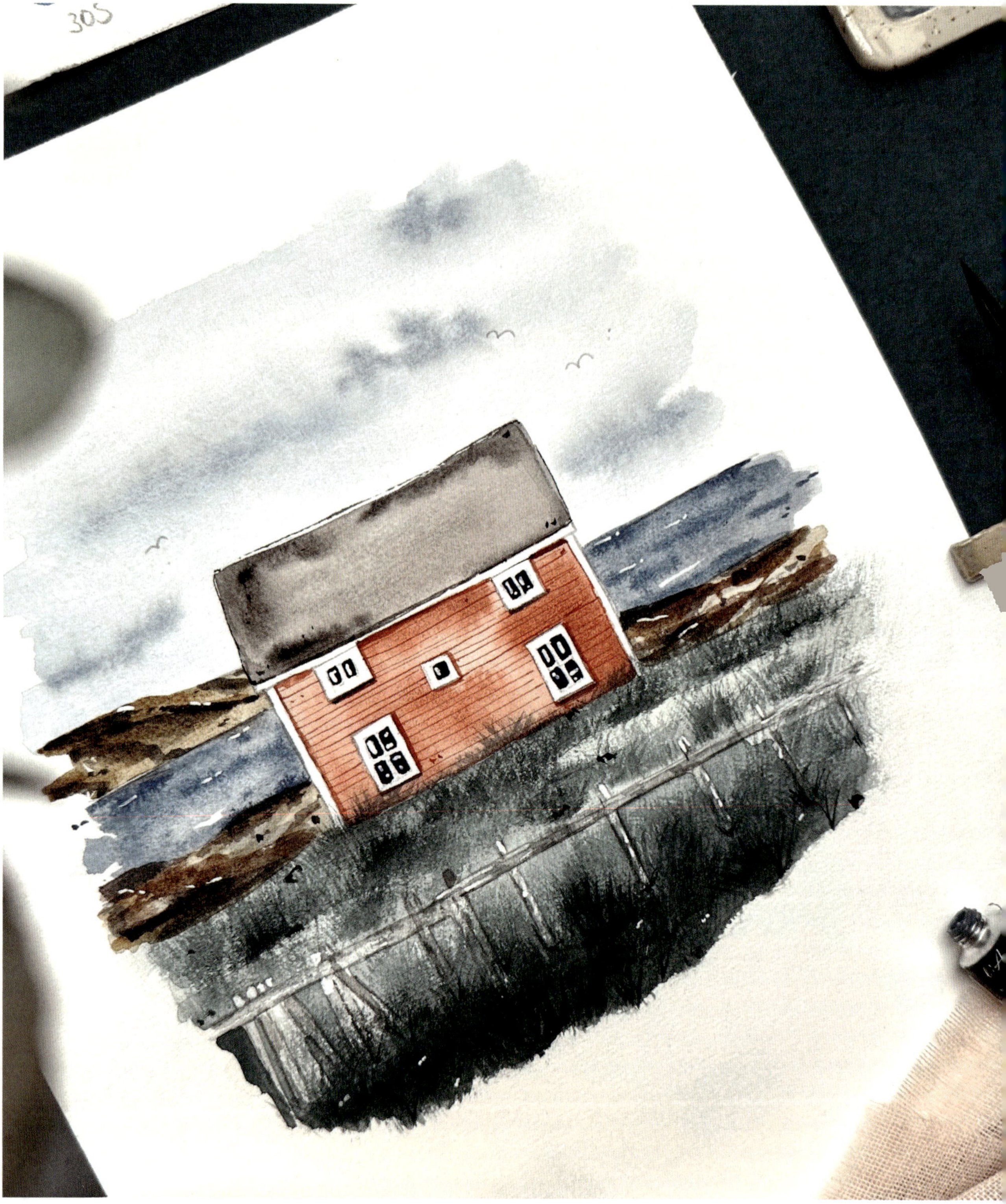

Rotes Schwedenhaus

Wenn ich an Skandinavien denke, habe ich sofort ein Schwedenhaus vor Augen. Ein Schwedenhaus ist ein traditionelles Holzhaus, das normalerweise aus Fichtenholz gebaut wird. Typischerweise hat es eine rote oder gelbe Fassade. Dabei ist der spezielle Rotton auch über die schwedischen Landesgrenzen als „Schwedenrot“ bekannt. Die Fenster- und Türverkleidungen der Schwedenhäuser sind meist in Weiß gehalten. Die meisten Schwedenhäuser haben ein steiles Dach mit einer charakteristischen Form, die als „Satteldach“ bezeichnet wird.

Material

- Aquarellpinsel (KUM, pinsel.yoga-Set): Rundpinsel in der Größe 3/0 & 4; French Schlepper Größe 4; Flachpinsel Größe 8
- Baumwoll-Aquarellpapier 300 g/m² matt (Hahnemühle Turner)
- wasservermalbarer Bleistift Faber Castell „Graphite Aquarelle“ 6B
- Gelstift in Weiß in der Größe 10 (Gelly Roll Sakura)
- Aquarellfarben (Sennelier):

705 Warmgrau

205 Umbra Natur

623 Venezianisches Rot

707 Kaltgrau

395 Coelinblau Rot schattiert

359 Blau Indanthren

203 Umbra grünlich

440 Sepia warm

755 Elfenbeinschwarz

Schritt-für-Schritt-Anleitung

1.
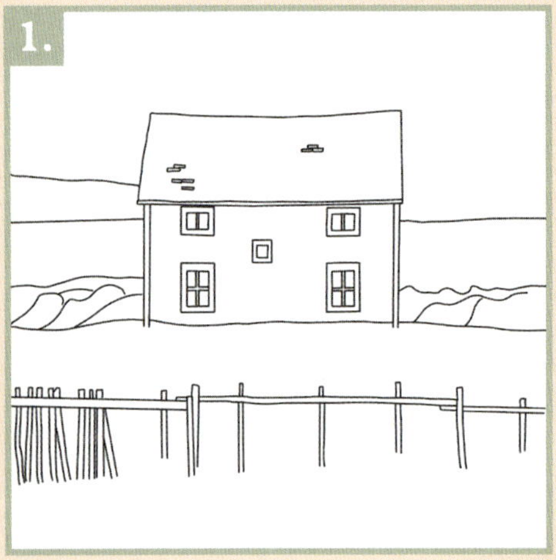

2.
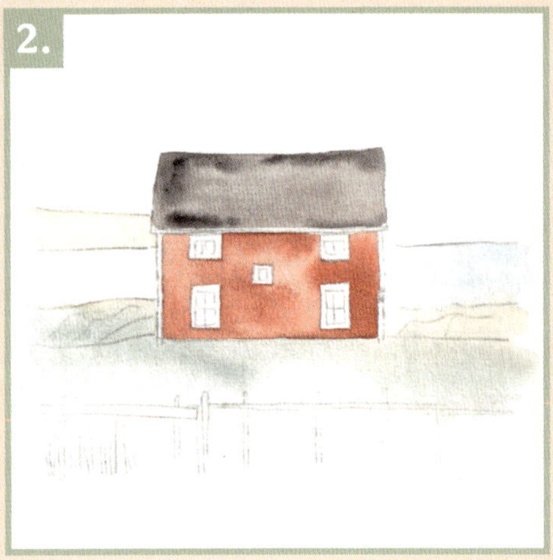

1. Für dieses Motiv empfehle ich dir auf jeden Fall ein Aquarellpapier aus Baumwolle, da wir hier mit viel Farbe und Wasser arbeiten. Zunächst starte ich allerdings wieder mit einer Skizze, um den Aufbau festzulegen. Urbane Motive können auf den ersten Blick erstmal sehr einschüchternd wirken. Ich möchte dir hier die Angst davor nehmen und dir zeigen, wie du es Schritt für Schritt umsetzen kannst. Bei urbanen Motiven vereinfache ich zum Beispiel gerne die Perspektive. So wie bei diesem Schwedenhaus hier, das ich frontal gezeichnet habe.

2. Als Erstes kannst du nun dein Aquarellpapier mit dem French Schlepper anfeuchten. Dabei kannst du ruhig großflächig arbeiten, jedoch das Haus aussparen. Nun kannst du in den Himmel eine helle blaue Farbmischung hereintupfen. Diese habe ich aus dem Blauton Kaltgrau, Coelinblau und reichlich Wasser gemischt. Die Wiese kannst du derweil mit einem hellen Grünton grundieren. Hierbei solltest du am besten den weißen Zaun aussparen oder auch mit Maskierflüssigkeit abdecken. Das Haus grundiere ich dann in einem hellen Rotton, das Meer in einer Mischung aus Indanthren Blau und Elfenbeinschwarz und die Steine in Umbra Natur.

3. Im nächsten Schritt intensiviere ich die einzelnen Farbschichten und füge der Illustration so etwas mehr Tiefe hinzu. Hierfür nutze ich dieselben Farbmischungen aus dem vorherigen Schritt. Ich arbeite jedoch mit einem Rundpinsel in der Größe 4.

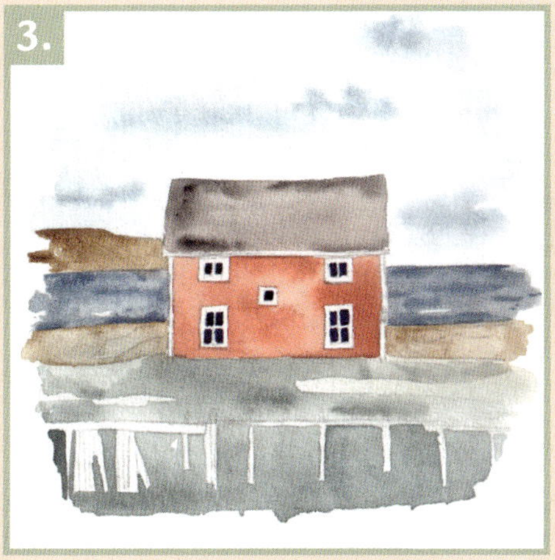

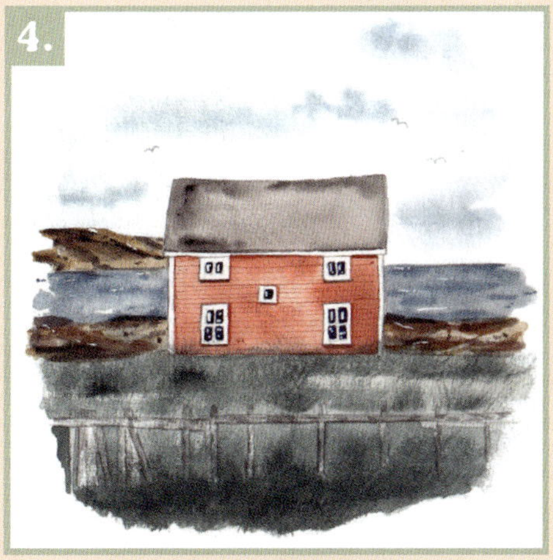

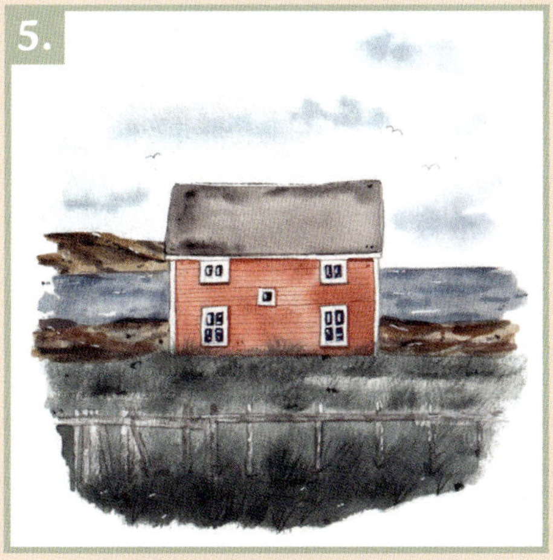

In diesem Schritt arbeite ich hauptsächlich in der Nass-in-Nass-Technik und versuche, in den verschiedenen Farbflächen Farbverläufe zu erzielen.

4. Nun wird es allmählich etwas detailreicher. Für die Schattierungen der Steine im Vorder- und Hintergrund mische ich mir zunächst verschiedene Brauntöne an. Als Ausgangspunkt kannst du hierfür Umbra Natur nutzen und Sepia Warm und Elfenbeinschwarz in unterschiedlichen Mengen hinzugeben. Die unterschiedlichen Brauntöne trage ich dann mit dem Rundpinsel in der Größe 4 vorsichtig auf und wechsle helle und dunkle Stellen ab, sodass die Steine etwas plastischer wirken. Hier eignet sich auch die Trockene-Pinsel-Technik ganz wunderbar, um mehr Struktur zu schaffen. Mithilfe eines weißen Gelstifts kannst du in den dunklen Fenstern ein paar Lichtreflexe ergänzen. Nun geht es ans Eingemachte – die Rasenstruktur. Diese kannst du auch gerne separat auf einem Schmierpapier testen. Hierfür kannst du ganz wunderbar einen alten Borstenpinsel verwenden, wenn du einen solchen zu Hause hast. Ich habe für meine Rasenstruktur jedoch meinen Rundpinsel in der Größe 4 im nassen Zustand mit den Fingern etwas platt gedrückt und so aufgefächert.

5. Die grüne Wiese habe ich dann in mehreren Farbschichten aufgebaut. Lasse die unterschiedlichen Schichten am besten gut trocknen. Im letzten Schritt kannst du nun die letzten Details, wie beispielsweise die Zaunstruktur, ergänzen. Mit dem kleinen Rundpinsel in der Größe 3/0 ergänze ich nun Schatten und eine Holzmaserung.

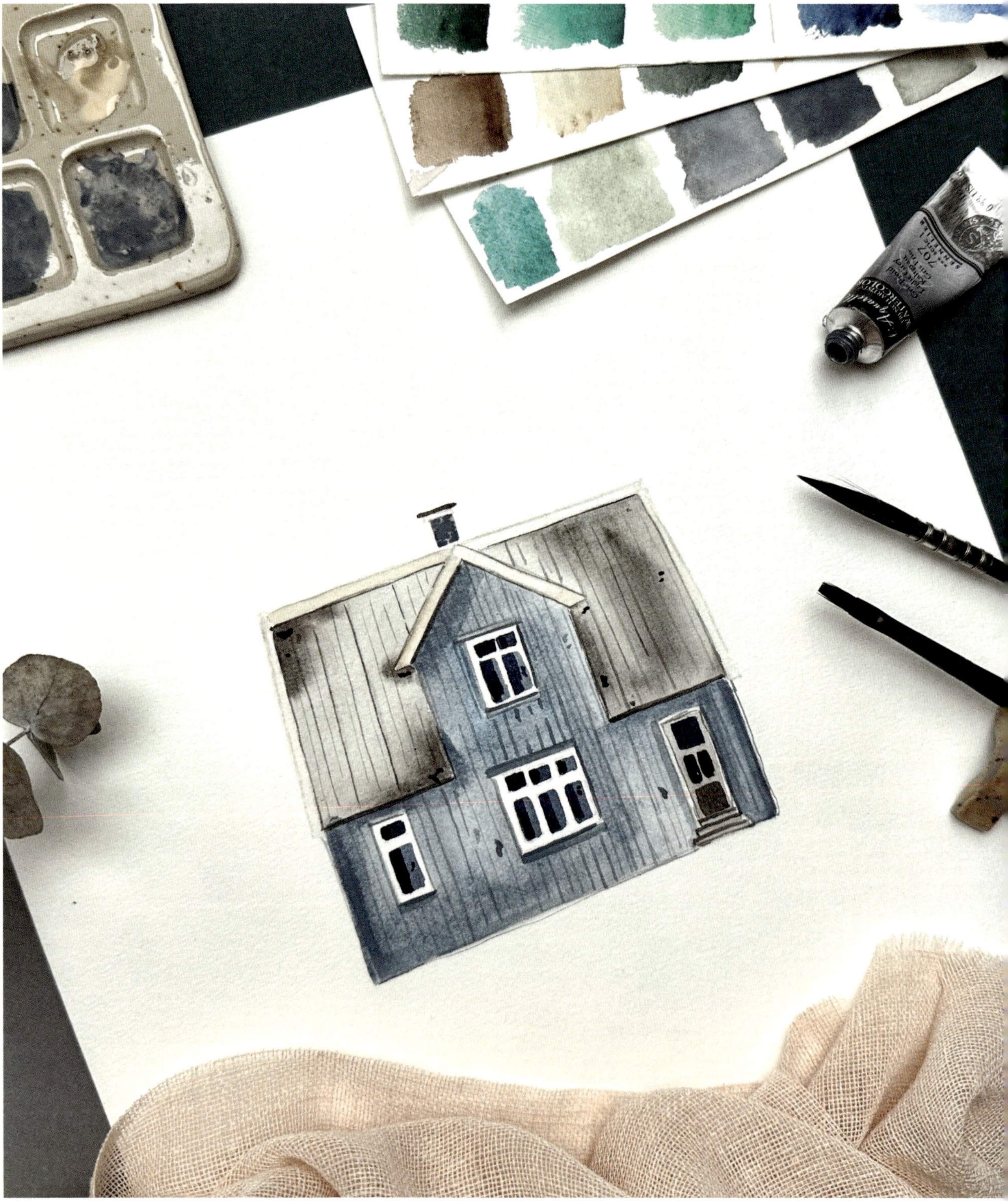

Blaues Schwedenhaus

Zwar sind die meisten Schwedenhäuser rot oder auch gelb – trotzdem wollte ich hier noch mal eine hellblaue Version malen. Ich persönlich finde nämlich, dass Blau perfekt in die skandinavische Farbwelt passt. In der Tat gibt es auch einige blaue Holzhäuser in Schweden, die häufig in Küstenregionen zu finden sind. Dort spiegelt sich das Blau in den Häusern, im Meer und im Himmel wider, aber natürlich kannst du dein persönliches Schwedenhaus in deiner liebsten Farbe malen.

Material

- Aquarellpinsel (KUM, pinsel.yoga-Set)
  Rundpinsel in der Größe 3/0 & 4; Flachpinsel Größe 8
- Baumwoll-Aquarellpapier 300 g/m² matt (Hahnemühle Turner)
- wasservermalbarer Bleistift Faber Castell „Graphite Aquarelle“ 6B
- Aquarellfarben (Sennelier):

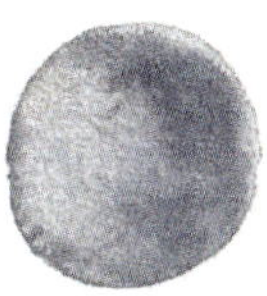
707 Kaltgrau

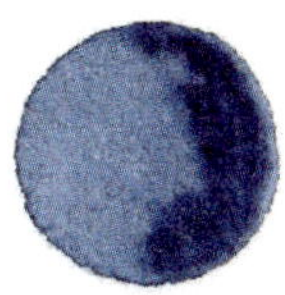
395 Blau Indanthren

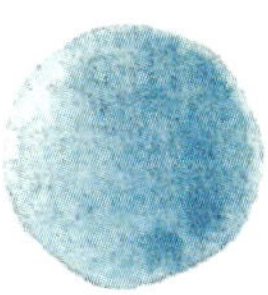
305 Coelinblau Rot schattiert

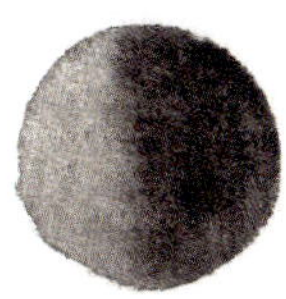
755 Elfenbeinschwarz

Schritt-für-Schritt-Anleitung

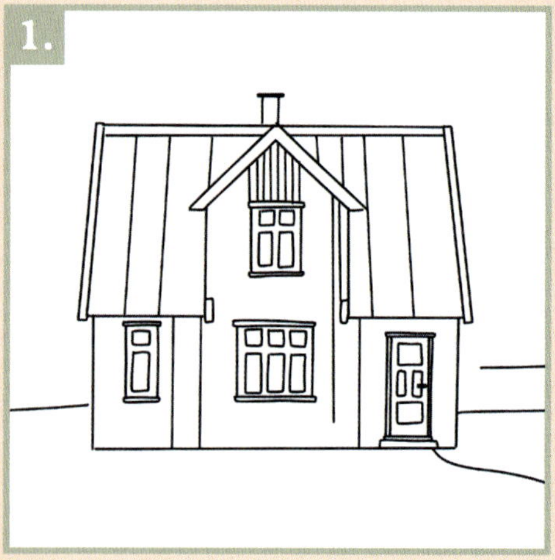

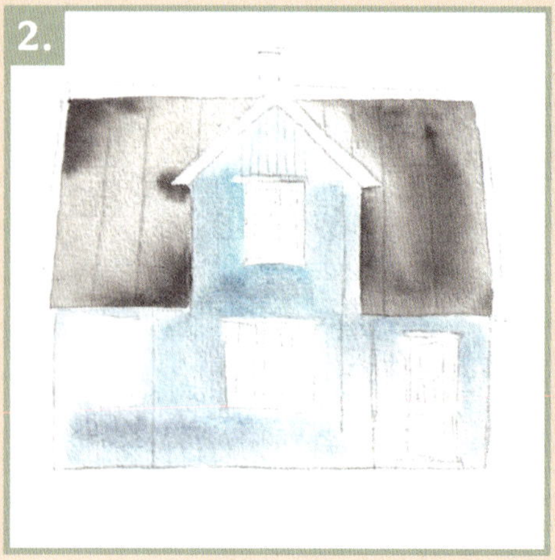

1. Zunächst starte ich auch bei diesem blauen Schwedenhaus wieder mit einer Skizze, um den Aufbau festzulegen. Diese fertige ich mit einem wasservermalbaren Bleistift an. Urbane Motive können auf den ersten Blick erstmal sehr einschüchternd wirken. Daher habe ich dieses Haus vereinfacht, indem ich es ohne komplexe Perspektive frontal gezeichnet habe. Zudem habe ich bei diesem Motiv auf eine Landschaft um das Haus herum verzichtet. Ich möchte dir so die Angst vor komplexeren urbanen Motiven nehmen und dir zeigen, wie du es Schritt für Schritt umsetzen kannst.

2. Nach der Vorzeichnung grundiere ich das kleine Häuschen in einem hellen Blauton. Dieses mische ich aus dem Kaltgrau Nr. 707 und dem Coelinblau Nr. 305. Beide Farbtöne granulieren etwas, was die tolle Struktur des Hauses ergibt. Die Grundierung gestalte ich dann mit dem Flachpinsel in der Größe 8. Mit dem Flachpinsel kannst du wunderbar flächig arbeiten, und so ist das Haus im Handumdrehen grundiert. Für das Dach nutze ich einen hellen Grauton, den ich mit viel Wasser und dem Elfenbeinschwarz Nr. 755 mische.

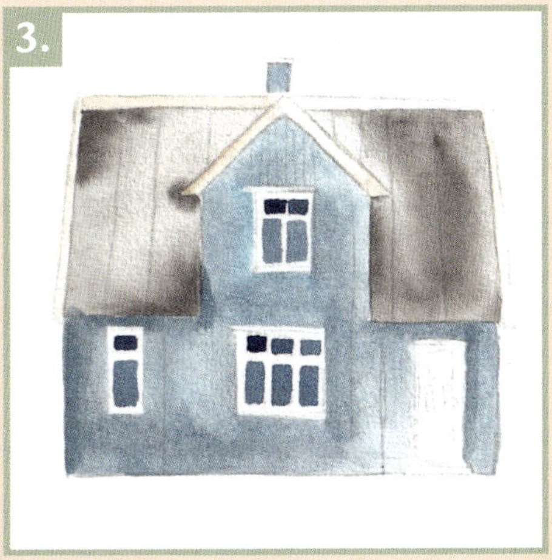

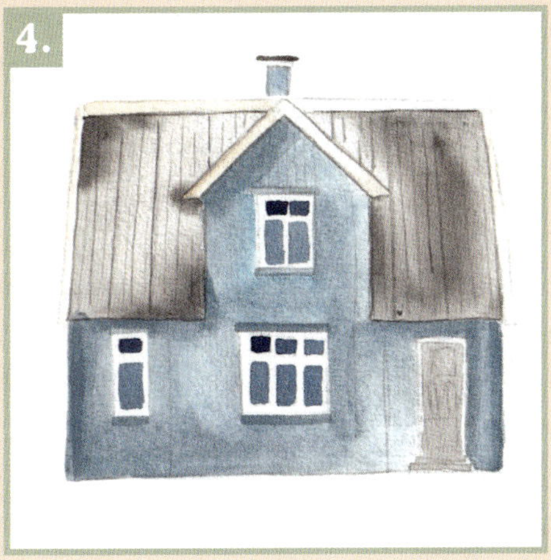

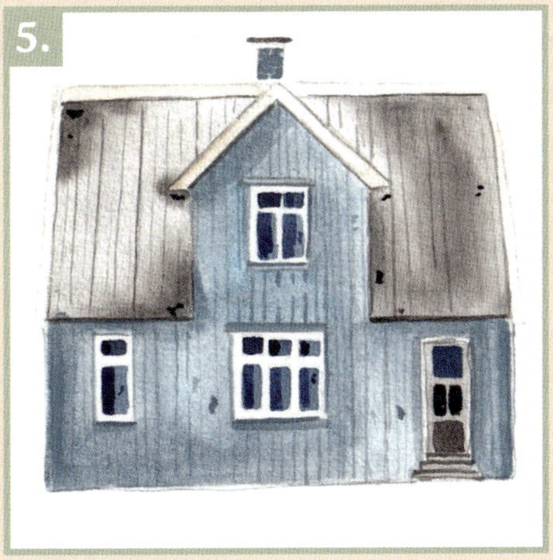

3. Bei diesen Grundierungsschritten arbeite ich gerne von groß nach klein. So folgen nun die Fensterfronten in einem dunklen Blau. Hierfür kannst du Indanthren Blau Nr. 395 mit etwas Schwarz Nr. 755 abdunkeln. Ich nutze für die kleineren Flächen den Rundpinsel in der Größe 4. Die Tür bekommt, wie auch das Dach, einen grauen Anstrich.

4. Anschließend alles gut trocknen lassen. Danach erhält das Dach seine feine Struktur. Hierfür mische ich erneut einen Grauton aus Elfenbeinschwarz Nr. 755 und Wasser an. Die feinen Linien ziehe ich mithilfe des Rundpinsels in der Größe 3/0. Wenn du den Pinsel möglichst senkrecht hältst, kannst du sehr feine Linien damit malen.

5. Im letzten Schritt folgen die weiteren Details, um die Illustration weiter zu strukturieren. So wird das blaue Holzhaus mit einer Art Holzmaserung illustriert. Hierfür nutze ich erneut den Rundpinsel in der Größe 3/0 und die blaue Farbmischung aus Schritt 2. Neben feinen Strichen kannst du hier und da auch kleine Farbkleckse ergänzen. Sobald alles gut getrocknet ist, kannst du graue Schatten unter dem Dach, den Fenstern und der Tür hinzufügen. Auch bei den Fensterflächen ergänze ich dunklere Schatten mit einem dunklen Blauton.

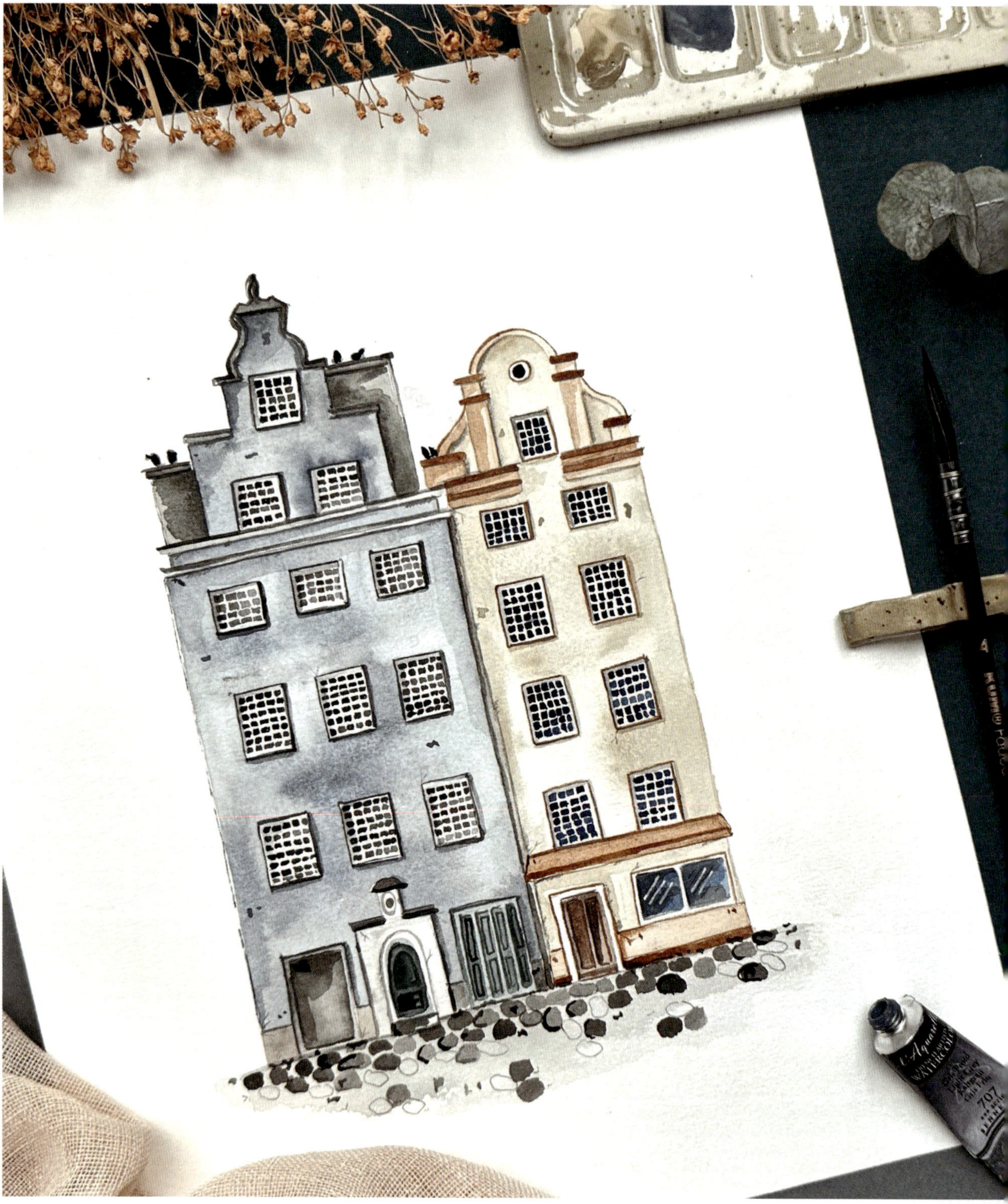

Stockholm

Warst du schon einmal in Stockholm? Stockholm ist nicht nur die Hauptstadt von Schweden, sondern auch die größte Stadt des Landes. Diese zwei Häuser stehen dabei in Gamla Stan – der Altstadt von Stockholm. Ich war noch nie dort, aber mit meinen Illustrationen hole ich mir ein wenig Schwedenfeeling nach Hause bzw. auf das Papier.

Material

- Aquarellpinsel (KUM, pinsel.yoga-Set)
  Rundpinsel Größe 3/0 & 4; French Schlepper Größe 4; Flachpinsel Größe 8
- Baumwoll-Aquarellpapier 300 g/m^2 matt (Hahnemühle Turner)
- wasservermalbarer Bleistift Faber Castell „Graphite Aquarelle“ 6B
- Gelstift in Weiß in der Größe 10 (Gelly Roll Sakura)
- Aquarellfarben (Sennelier):

705 Warmgrau

566 Neapelgelb dunkel

205 Umbra Natur

211 Sienna gebrannt

203 Umbra grünlich

707 Kaltgrau

305 Coelinblau Rot schattiert

395 Blau Indanthren

755 Elfenbeinschwarz

Schritt-für-Schritt-Anleitung

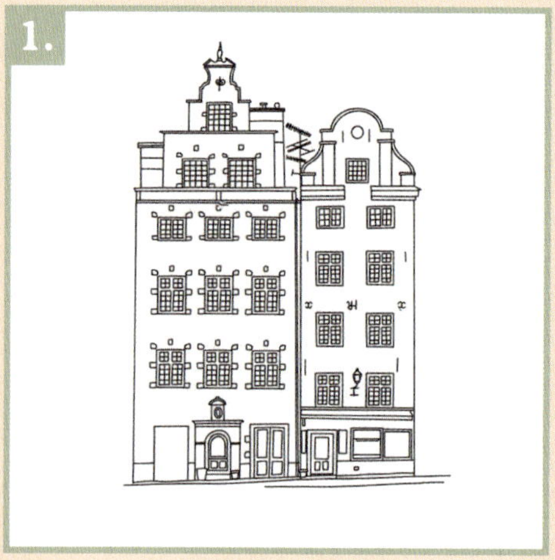

1. Diese Skizze enthält viele Details und hat es auf jeden Fall in sich. Ich übertrage sie zunächst mit einem wasservermalbaren Bleistift auf mein Aquarellpapier.

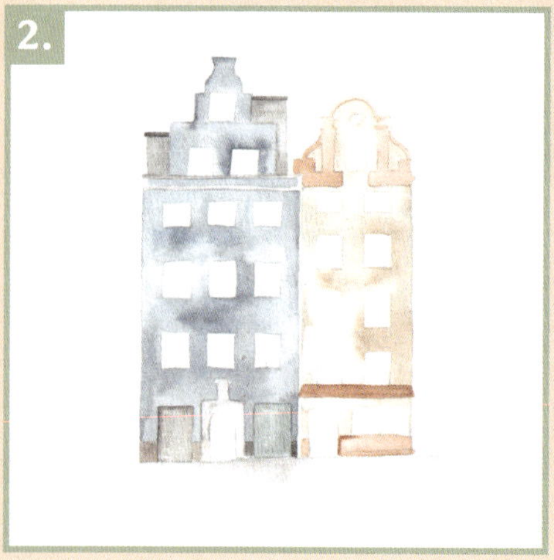

2. Im nächsten Schritt kannst du das linke Haus in einem hellen Blauton (Kaltgrau Nr. 707, mit Coelinblau Nr. 305 gemischt) und das rechte Haus in einem hellen Beigeton (Warmgrau Nr. 705, Umbra Natur Nr. 205 und ein wenig Neapelgelb dunkel Nr. 566 gemischt) grundieren. Hierfür nutze ich den Flachpinsel in der Größe 8. Mit der ganzen Pinselfläche sind die Hausfassaden wirklich sehr schnell grundiert. Für die Ecken und kleineren Stellen kannst du den Pinsel etwas schräg halten und drehen, so kommst du leicht in jede Ecke. Das Dach des linken Hauses grundiere ich in einem hellen Grauton (Elfenbeinschwarz Nr. 755 mit viel Wasser angemischt) und das Dach des Nachbarhauses mit einem hellen Braunton (Siena gebrannt Nr. 211). Die gepflasterte Straße wird im ersten Schritt in einem hellen Grauton grundiert. Hierfür nutze ich gerne den French Schlepper in der Größe 4, da ich mit diesem sehr locker arbeiten kann.

3. Als Nächstes gehe ich Haus für Haus vor und ergänze weitere Elemente in der Illustration. Dabei starte ich mit dem rechten Haus und male die Fenster in einem dunklen Blauton an (Indanthren Nr. 395). Da die Fenster sehr kleinteilig sind, verwende ich hierfür den kleinen Rundpinsel in der Größe 3/0. Ich versuche dabei, noch ausreichend

3.

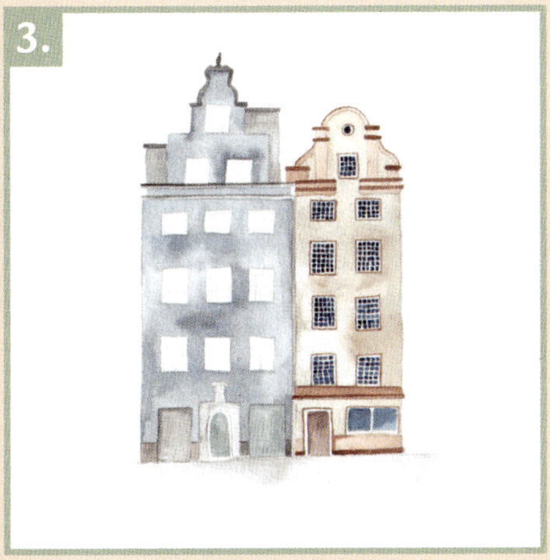

4.

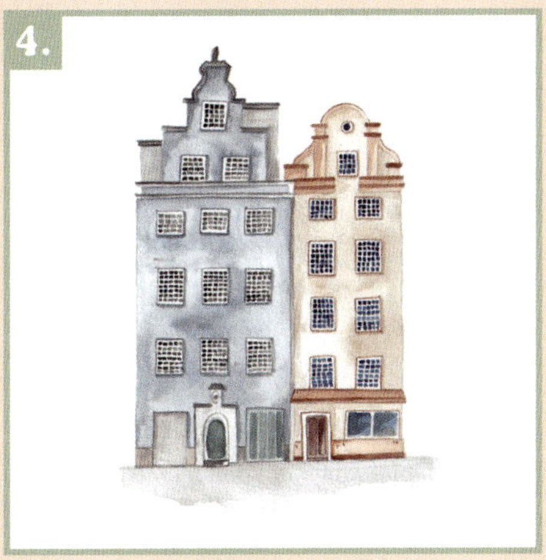

5.

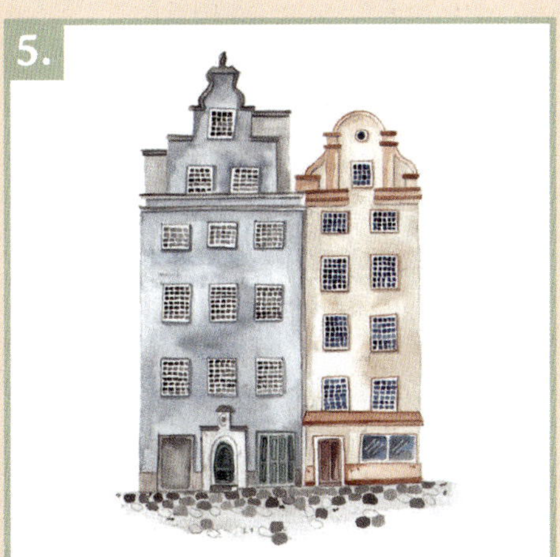

Platz für einen weißen Rahmen zu lassen. Diesen kannst du aber auch im Nachgang mit einem weißen Gelstift hinzufügen. Die Dachverzierungen des Hauses ergänze ich in einem dunkleren Siena gebrannt Braunton (Nr. 211). Mit demselben Farbton setze ich noch mal einen Rahmen um die Fenster herum. Die Tür des Hauses gestalte ich in einem Braunton (Sepia warm Nr. 440).

4. Nun kannst du dich dem linken blauen Haus widmen. Hierbei gehe ich ähnlich vor und verwende lediglich andere Farben. Die Fenster und die Dachverzierungen ergänze ich zum Beispiel in einem Grauton (Elfenbeinschwarz Nr. 755). Die Fenster bekommen zudem einen blauen Fensterrahmen (Kaltgrau Nr. 707). In diesem Schritt ist mir außerdem aufgefallen, dass die Grundierung der Straße für meinen Geschmack noch etwas zu hell war. Deshalb habe ich sie erneut mit einem Grauton (Elfenbeinschwarz Nr. 755) schattiert.

5. Im letzten Schritt folgen für beide Häuser weitere Details, vor allem ergänze ich die Schatten mit dem kleinen Rundpinsel (3/0) und einem hellen Grauton an den Fenstern sowie unter den Dachvorsprüngen. Mit einem Bleistift verstärke ich diese und ergänze an den Hausfassaden noch kleine Risse. Die Fensterscheiben erhalten weiße Lichtreflexe, die ich mit einem passenden Gelstift ergänze. Um die Illustration für mich noch etwas runder zu gestalten, habe ich zuletzt noch eine Pflasterstruktur mit grauen Steinen eingefügt. Diese sehen besonders spannend aus, wenn du dafür verschiedene Grautöne nutzt. Einige Steine habe ich lediglich durch ihre Kontur angedeutet.

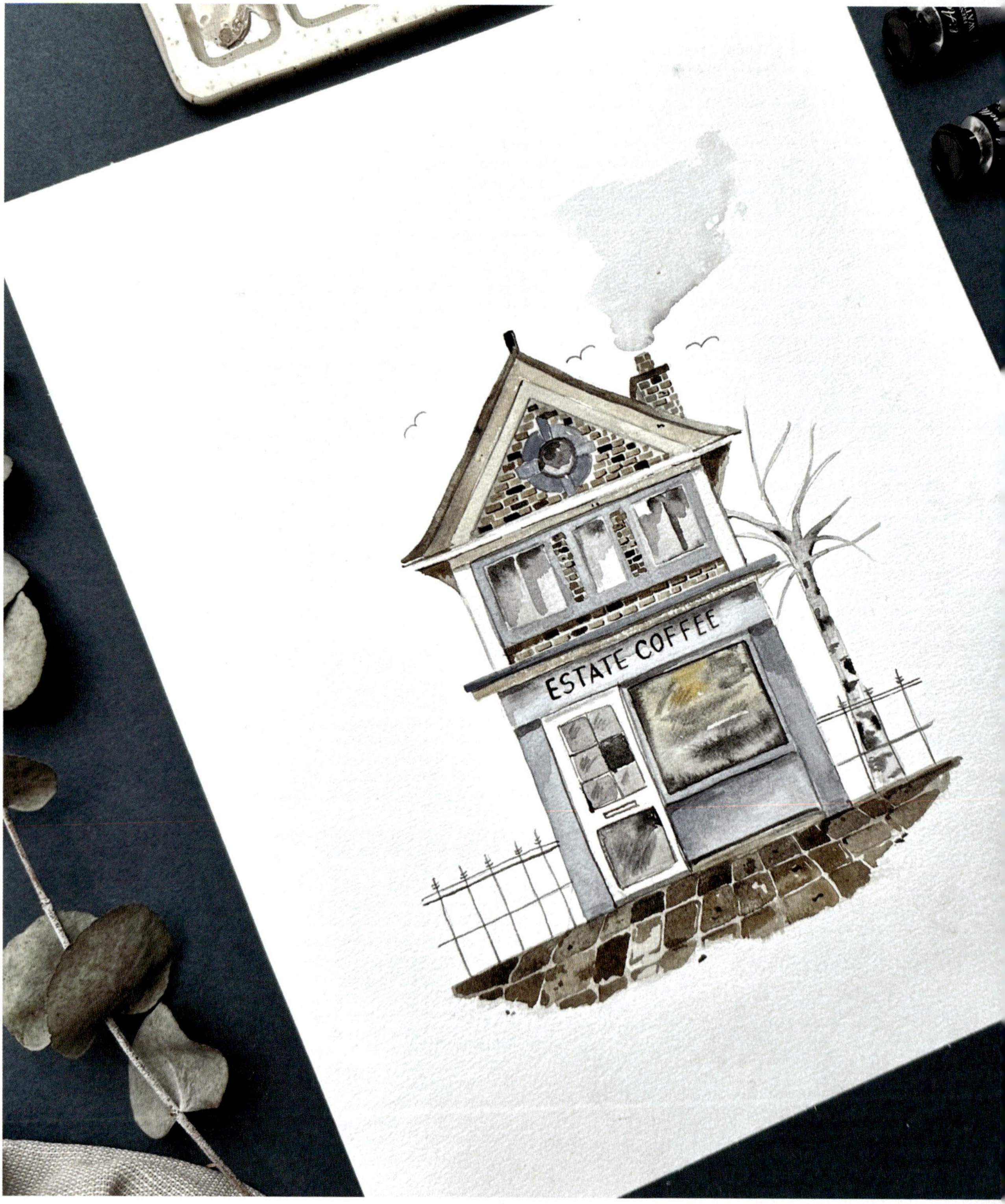
ESTATE COFFEE

Café in Stockholm

Auch für dieses Motiv bleiben wir erst einmal in Schweden, genauer gesagt in Stockholm. Dort gibt es ein Café namens „Real Estate Café“, das als Treffpunkt für Menschen dient, die sich für Immobilien interessieren oder auch in der Branche arbeiten. Es liegt im Stadtteil Vasastan und sieht wirklich urgemütlich aus.

Material

- Aquarellpinsel (KUM, pinsel.yoga-Set)
  Rundpinsel Größe 3/0 & 4; French Schlepper Größe 4; Flachpinsel Größe 8
- Baumwoll-Aquarellpapier 300 g/m² matt (Hahnemühle Turner)
- wasservermalbarer Bleistift Faber Castell „Graphite Aquarelle“ 6B
- Aquarellfarben (Sennelier):

705 Warmgrau

707 Kaltgrau

205 Umbra Natur

755 Elfenbeinschwarz

566 Neapelgelb dunkel

Schritt-für-Schritt-Anleitung

1.

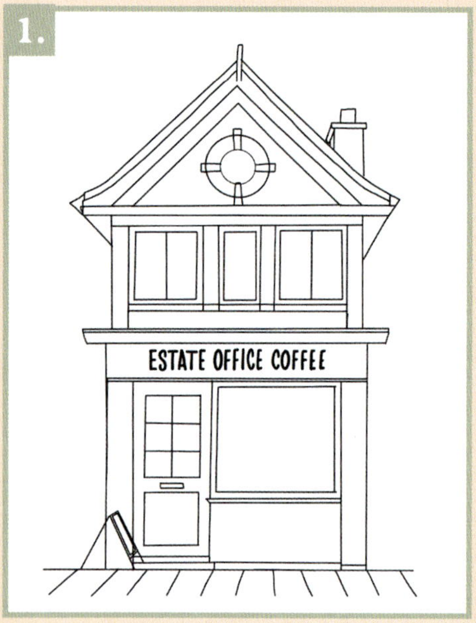

2.

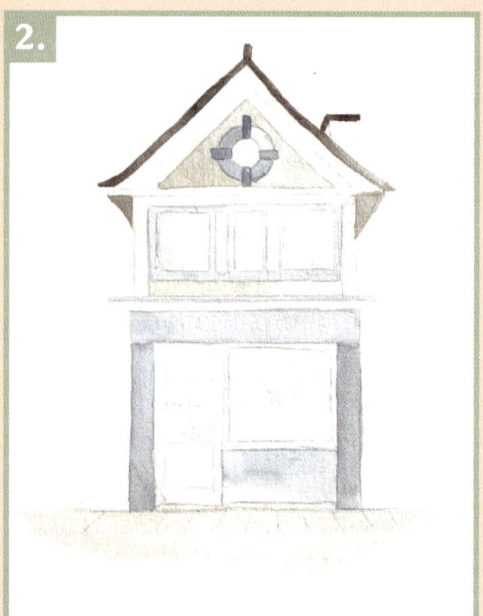

1. Bei so detailreichen urbanen Motiven finde ich eine Skizze unverzichtbar. Sie hilft mir, bei komplexen Motiven den Überblick zu behalten. Ich übertrage die Skizze im ersten Schritt mit einem wasservermalbaren Aquarellbuntstift auf mein Aquarellpapier.

2. Dieses Motiv wollte ich in einer etwas gedeckteren Farbwelt malen. Daher habe ich mich in meiner Farbauswahl noch weiter eingeschränkt, mich dabei aber auch am Originalcafé orientiert. Als Erstes grundiere ich die verschiedenen Elemente, wie den Boden (Umbra Natur Nr. 205), die Hausfassade (Kaltgrau Nr. 707), das Dach (Umbra Natur 205 + Elfenbeinschwarz Nr. 755) und die Fenster (Elfenbeinschwarz Nr. 755). Für die Grundierung nutze ich den Flachpinsel in der Größe 8. Für den Boden hingegen verwende ich gerne den French Schlepper Pinsel (Größe 4).

3. Im nächsten Schritt intensiviere ich die verschiedenen Hauselemente durch eine zweite Farbschicht. Dabei achte ich darauf, dass hier und da noch helle Flächen durchscheinen, damit das Haus etwas spannender wirkt und nicht so eindimensional aussieht. Die Backsteine der Hausfassade male ich mit einem angemischten Braunton aus Umbra Natur (Nr. 205) und Elfenbeinschwarz (Nr. 755). Je nachdem, welches Mischungsverhältnis du wählst,

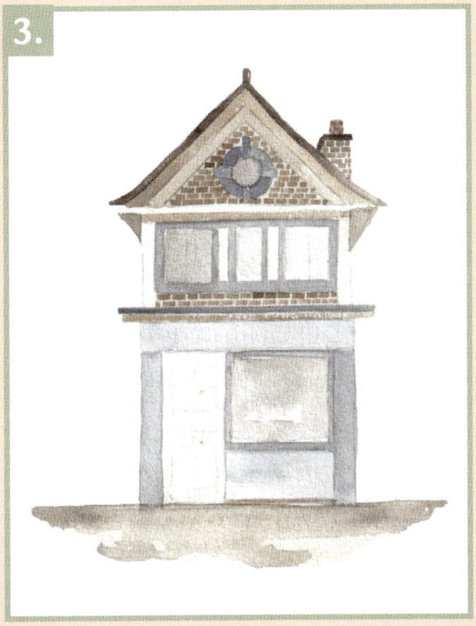

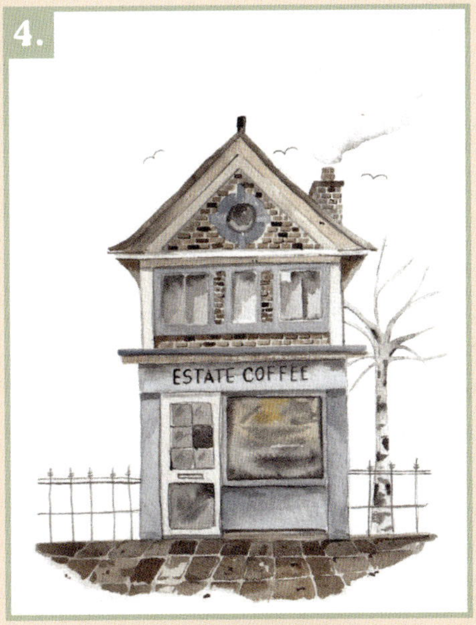

erhältst du die unterschiedlichsten Farbtöne. Da beide Töne granulieren, entsteht zudem eine ausgeprägte Struktur in der angemischten Farbe. Die Backsteine male ich mit dem Rundpinsel in der Größe 4. Wenn die Elemente jedoch kleiner werden, wechsle ich auf den Rundpinsel in der Größe 3/0.

4. Im letzten Schritt kommen nochmal einige Elemente zu der Illustration hinzu. Um das Haus herum ergänze ich einen filigranen Zaun, den ich in einem Grauton (Elfenbeinschwarz Nr. 755) mit dem kleinen Rundpinsel in der Größe 3/0 ergänze. Die Fenster bekommen mit einem ähnlichen Farbton eine zusätzliche Schattierung. In dem größeren Schaufenster arbeite ich mit einem Gelbton (Neapelgelb dunkel Nr. 566) noch einen Lichtreflex nass-in-nass ein. Rechts neben das Café ergänze ich mit dem Rundpinsel in der Größe 4 einen Birkenbaum. Die Baumrinde kannst du wunderbar in der Nass-in-Nass-Technik gestalten. Den steinigen Gehweg koloriere ich in einer ähnlichen Brauntonmischung, die bereits bei den Backsteinen verwendet worden ist. Diese habe ich mir zunächst mit einem Bleistift grob vorgezeichnet, bevor ich sie mit der Aquarellfarbe dann gemalt habe. Weitere Schatten unter den Fenstern und den Dachelementen geben deiner Illustration mehr Tiefe. Den Schornstein habe ich schließlich mit einer grauen Rußwolke versehen und mit einem Bleistift drei Vögel im Himmel ergänzt.

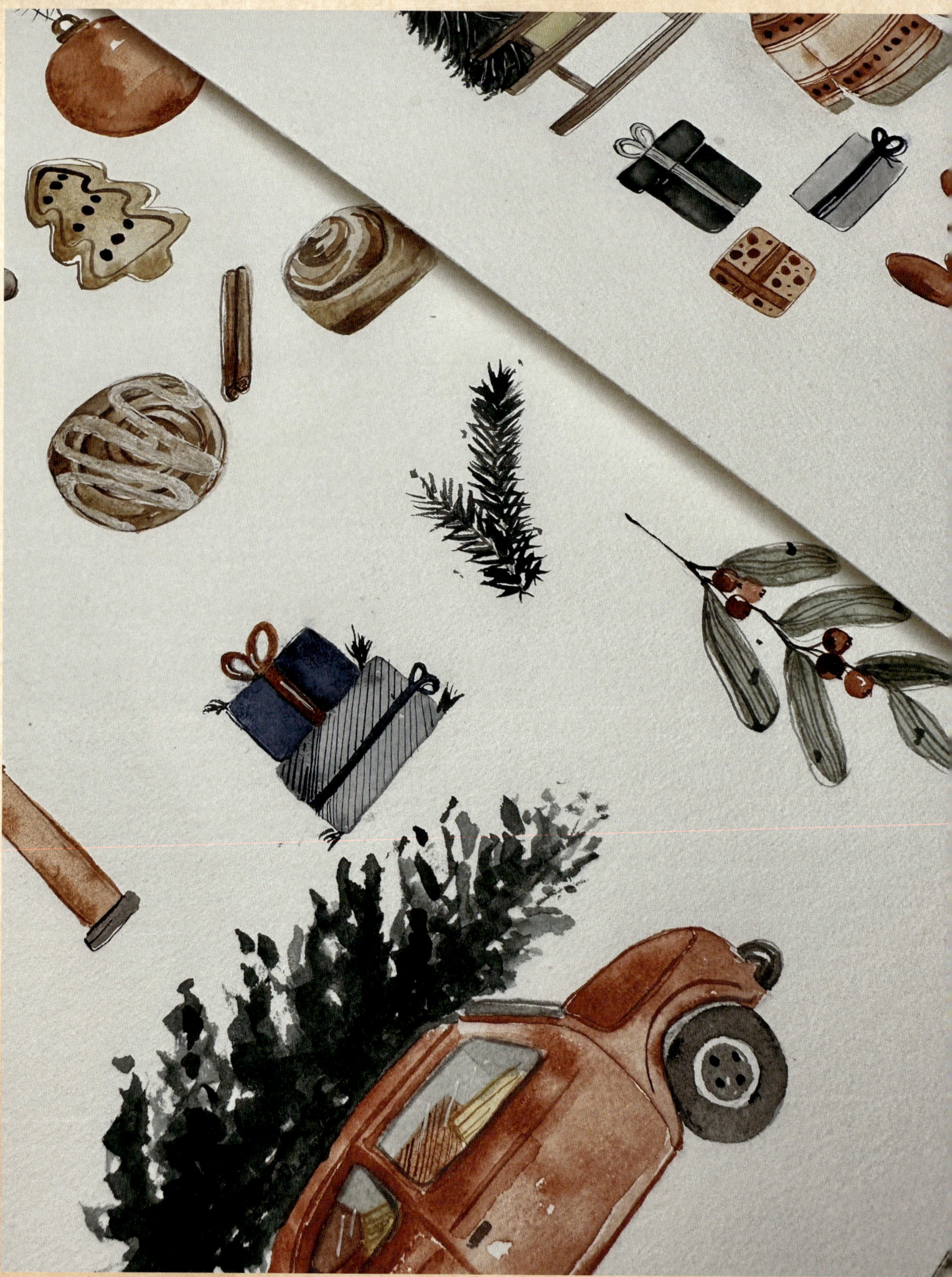

Winter Wonderland

Die Weihnachtszeit in Skandinavien, auch als „Jul“ bezeichnet, ist mit vielen Traditionen und Bräuchen verbunden und spielt eine ganz besondere Rolle im Jahresablauf. Daher möchte ich dich nun in mein ganz persönliches Winter Wonderland einladen.

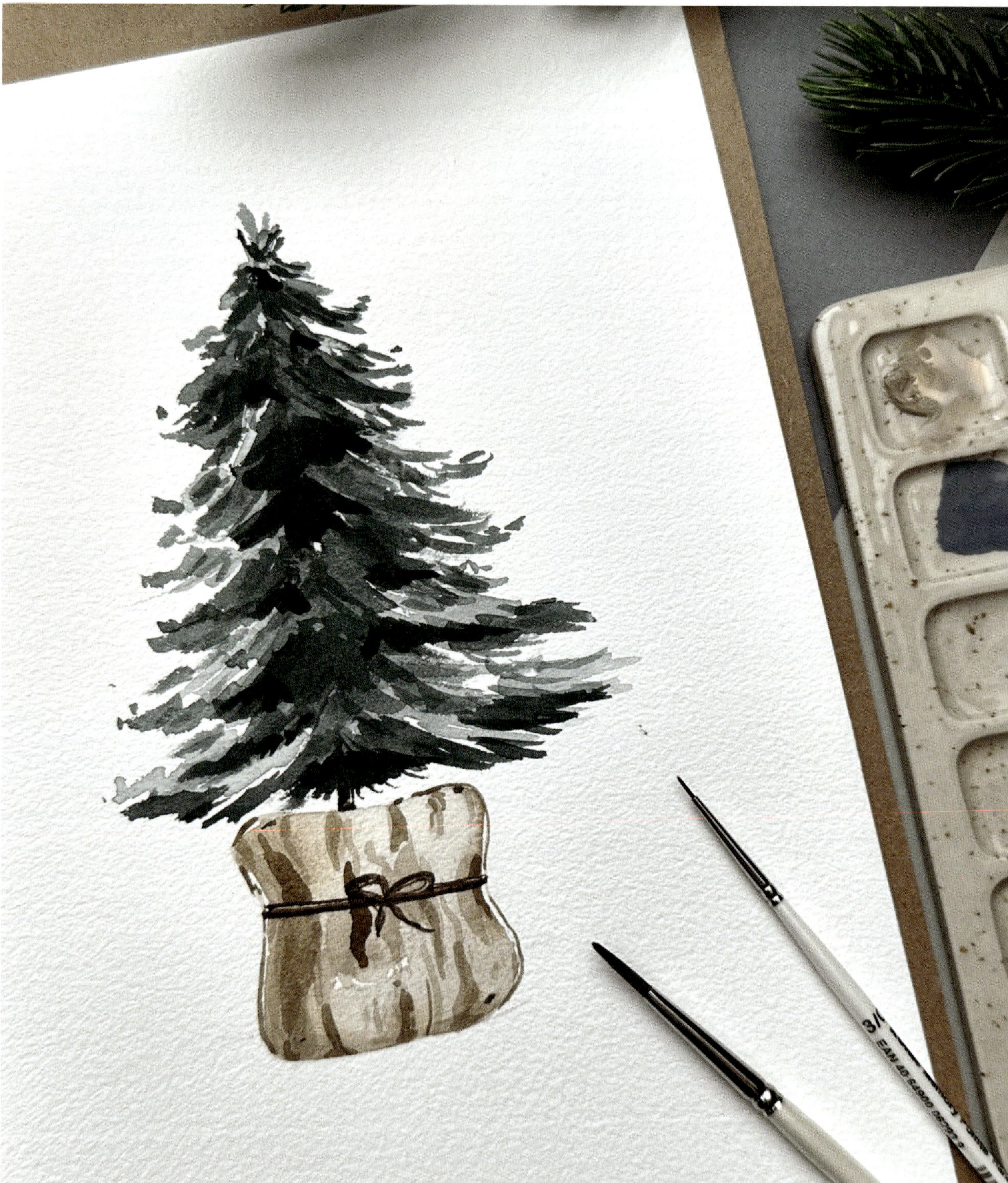

Tannenbaum

Was wäre Weihnachten ohne einen Tannenbaum? Es gibt unzählige Möglichkeiten, wie du einen solchen Baum im Loose-Watercolor-Stil umsetzen kannst. Hier möchte ich dir eine meiner Versionen zeigen. Dieser hier wartet allerdings noch darauf, für das Weihnachtsfest geschmückt zu werden. Falls du möchtest, kannst du ihm ja noch den passenden Baumschmuck verpassen.

Material

- Aquarellpinsel (KUM, pinsel.yoga-Set)
  Rundpinsel Größe 3/0 & 4
- Baumwoll-Aquarellpapier 300 g/m² matt (Lana Cold-Pressed)
- wasservermalbarer Bleistift Faber Castell „Graphite Aquarelle“ 6B
- Gelstift in Weiß in der Größe 10 (Gelly Roll Sakura)
- Aquarellfarben (Sennelier):

705 Warmgrau

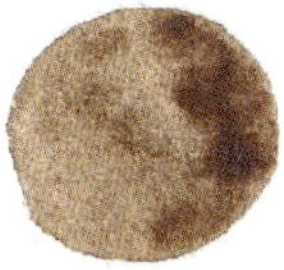
205 Umbra Natur

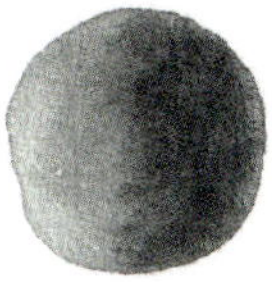
203 Umbra günlich

440 Sepia warm

Wenn du den Tannenbaum mit tupfenden Bewegungen malst, könnte er so aussehen:

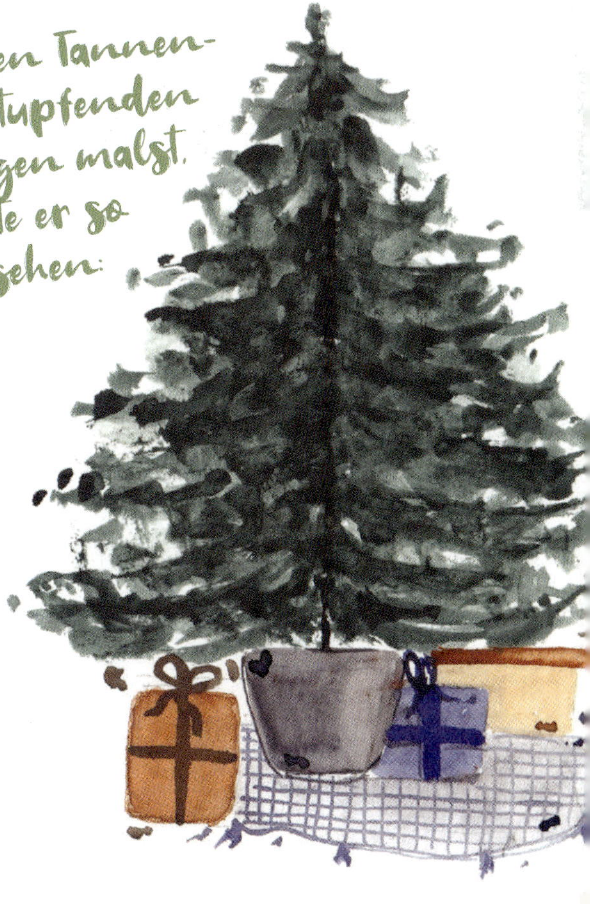

Schritt-für-Schritt-Anleitung

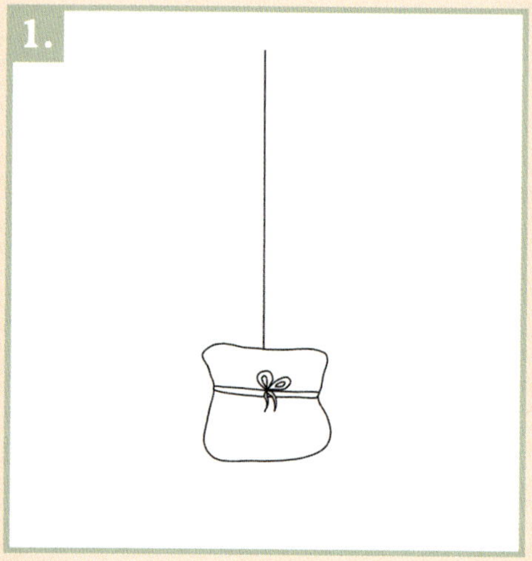

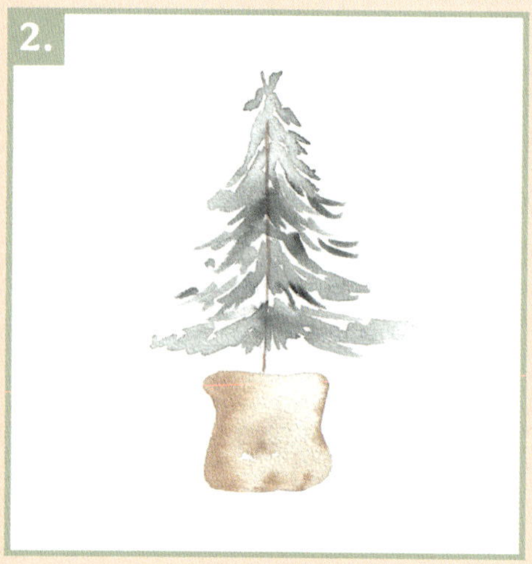

1. Bei diesem Tannenbaummotiv starte ich mit einer ganz simplen Vorzeichnung, die ich mit meinem wasservermalbaren Bleistift realisiere. Diese kannst du auch sehr gerne frei Hand skizzieren. Ich zeichne mir den Topf zu dem Tannenbaum trotzdem lieber grob vor, damit ich die Proportionen besser einschätzen kann.

2. Als Nächstes folgt die Grundierung des Tannenbaumtopfes, der im Grunde eine Papiertüte werden soll. Diese grundiere ich mit einer hellen Farbmischung von Warmgrau (Nr. 705) und Umbra Natur (Nr. 205) mithilfe meines Rundpinsels in der Größe 4. Den Baumstamm grundiere ich mit einem hellen Braunton (Sepia Warm Nr. 440). Je nachdem, welchen Pinsel du für den Tannenbaum verwendest, kannst du entscheiden, wie dieser gestaltet werden soll. Dabei musst du ihn auch nicht unbedingt naturalistisch malen. Für gewöhnlich tupfe ich gerne meine Loose-Watercolor-(Tannen-)Bäume, da sie so besonders locker und fluffig aussehen. Um hier etwas Abwechslung zu erhalten, habe ich diesmal versucht, die Nadeln etwas präziser zu gestalten. Hierbei habe ich mit dem Rundpinsel (Gr. 4) die Nadeln in einer schwungvollen Bewegung nach unten gemalt. Dabei beginne ich mit einer Schicht in einem hellen Grünton (Umbra grünlich Nr. 203) und baue den Tannenbaum Schicht für Schicht auf.

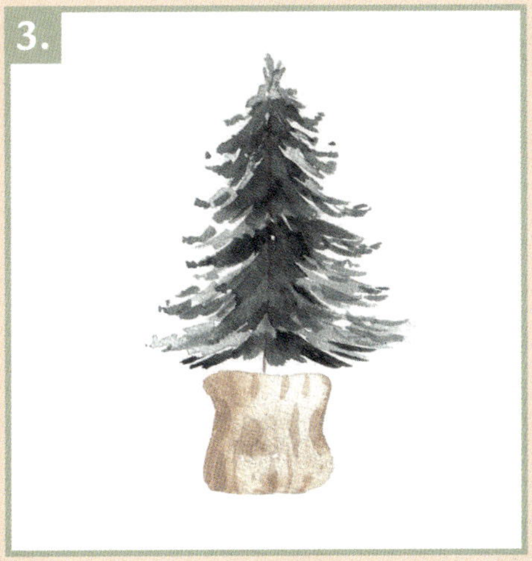

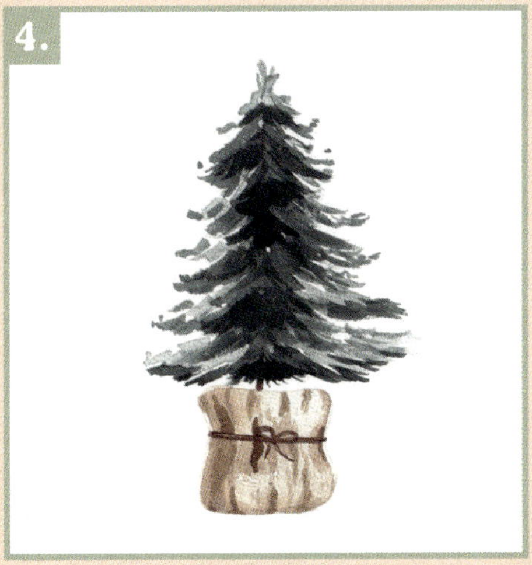

3. Nachdem die Grundierung gut getrocknet ist, kannst du sowohl der Papiertüte als auch dem Tannenbaum selbst mit weiteren Schichten und Schattierungen Leben einhauchen. Hierbei achte ich darauf, dass ich nicht die komplette Grundierung nochmals übermale, sondern auch helle Stellen im Bild übrig bleiben. So kannst du ein tolles Zusammenspiel zwischen hellen und dunklen Flächen im Bild erzeugen. Dabei bleibt es bei mir nicht bei einer Schicht. Du kannst vielmehr so oft Schichten ergänzen, bis du zufrieden bist.

4. Im letzten Schritt ergänze ich die weiteren Details mit einem feinen Rundpinsel in der Größe 3/0, wie beispielsweise das Geschenkband um die Papiertüte herum. Hierfür verwende ich einen Sepiabraunton (Nr. 440), es würde sich aber auch ein passender Buntstift oder sogar ein Fineliner sehr gut eignen. Die Stellen, die im Tannenbaum etwas zu dunkel geworden sind, kannst du abschließend mithilfe eines weißen Gelstifts aufhellen.

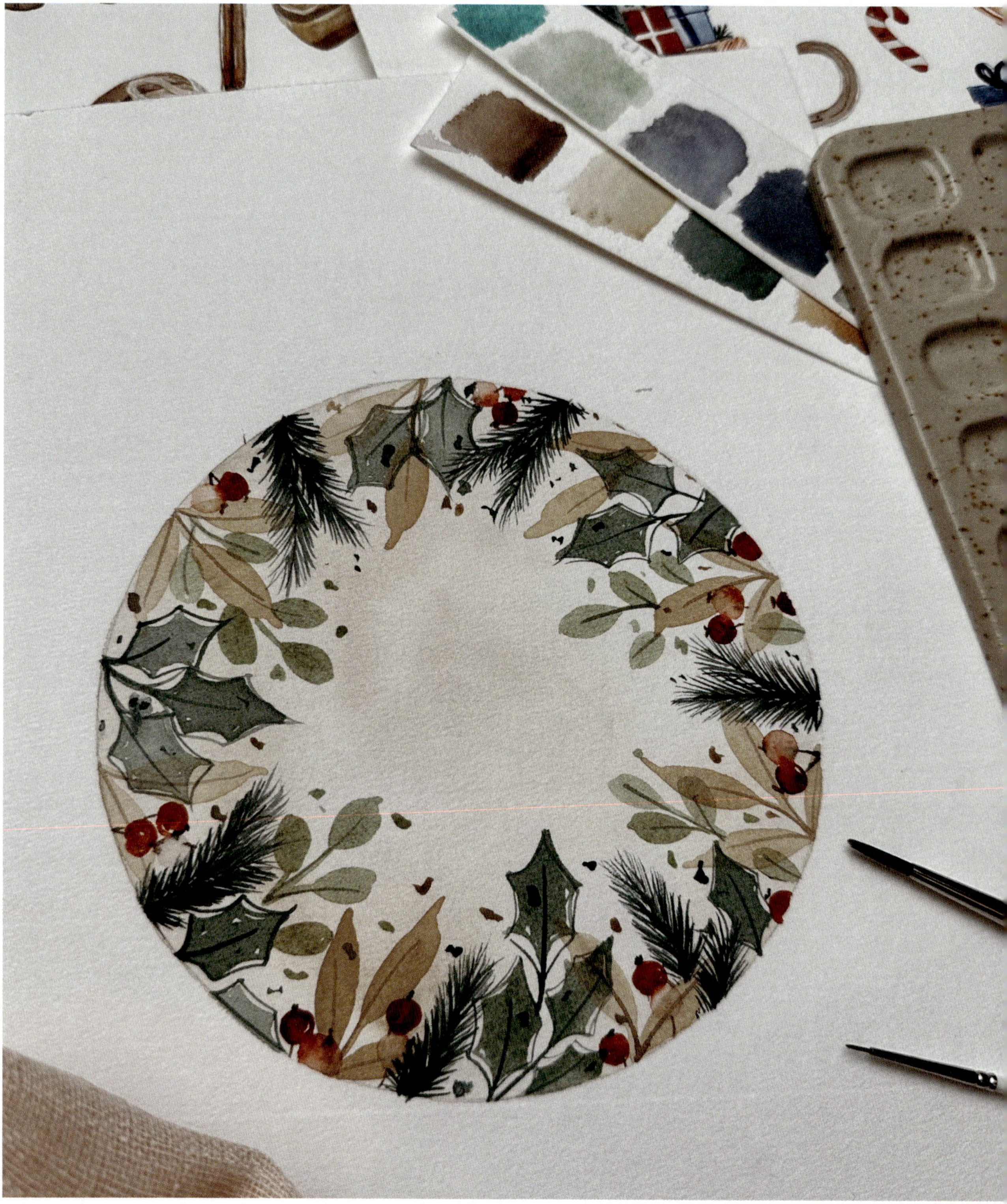

Winterlicher Loose-Watercolor-Kranz

Florale Motive dürfen für mich in der Winterzeit nicht fehlen. Kränze finde ich dabei ganz besonders schön. Dabei muss ein Kranz nicht immer klassisch gebunden sein, du kannst ihn auch einfach innerhalb des Kreises malen. Probiere es mit diesem Motiv doch einfach mal aus.

Material

- Aquarellpinsel (KUM, pinsel.yoga-Set): Rundpinsel Größe 3/0 & 4
- Baumwoll-Aquarellpapier 300 g/m² matt (Hahnemühle Turner)
- wasservermalbarer Bleistift Faber Castell „Graphite Aquarelle“ 6B
- Aquarellfarben (Sennelier):

705 Warmgrau

205 Umbra Natur

623 Venezianisches Rot

213 Grüne Erde

203 Umbra grünlich

440 Sepia Warm

755 Elfenbeinschwarz

Schritt-für-Schritt-Anleitung

1.

2.

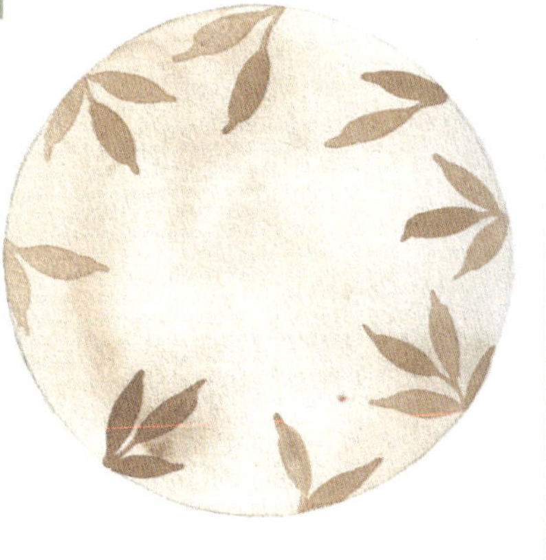

1. Für dieses Motiv benötigst du nicht unbedingt eine Vorzeichnung. Das finde ich bei den botanischen Loose-Watercolor-Motiven wirklich sehr praktisch. Um den Kreis für den winterlichen Kranz zu begrenzen, nutze ich vielmehr einen Kreiszeichner in Kombination mit einem wasservermalbaren Bleistift. Die Kontur des Kranzes kannst du gerne mit Maskierflüssigkeit begrenzen. Alternativ kannst du aber auch eine Klebeschablone nutzen. So erhältst du schöne klare Kanten. Diesen Kreis grundiere ich vollständig mit einem hellen Beigeton, den ich mit Warmgrau (Nr. 705) und reichlich Wasser anmische.

2. Nachdem die Grundierung gut getrocknet ist, male ich mit einem Rundpinsel in der Größe 4 und einem mitteldunklen Beigeton (Warmgrau Nr. 705) lockere Blätter in den Kranz hinein. Dabei verteile ich die Blätter in dem Kranz so, dass noch genug Platz für weitere Elemente bleibt.

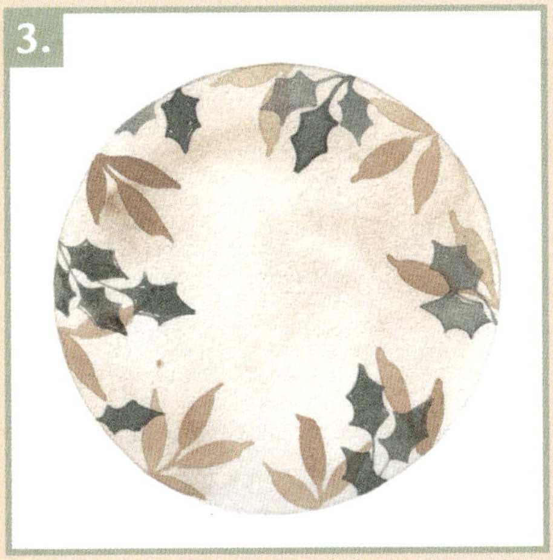

3. Als nächstes Element male ich daraufhin Stechpalmen in einem hellen Grünton (Grüne Erde Nr. 213) mit einem Rundpinsel in der Größe 4. Ich starte grundsätzlich gerne mit den etwas größeren Elementen im Kranz und arbeite mich dann Schritt für Schritt zu den kleineren Elementen vor. So kann ich sicherstellen, dass genug Platz für alle geplanten Elemente bleibt. Die Stechpalmen und weitere Blätter dürfen sich dabei teilweise überlagern.

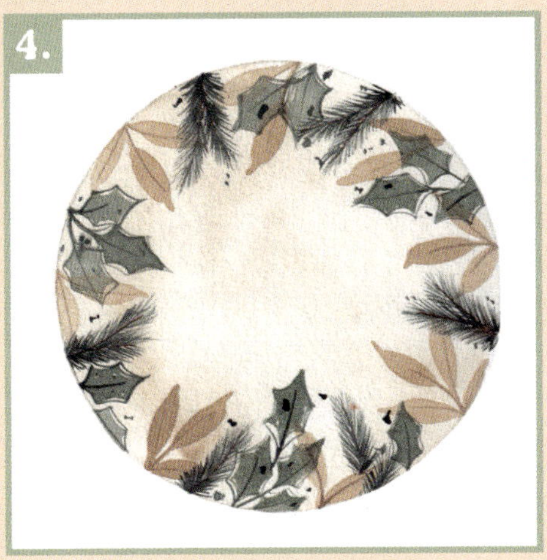

4. Im nächsten Schritt folgen einzelne Tannenzweige. Die Zweige selbst male ich zunächst in einem Sepiabraunton (Nr. 440) mit einem feinen Rundpinsel in der Größe 3/0. Die Nadeln selbst ergänze ich mit demselben Pinsel in einem dunklen Grünton (Umbra grünlich Nr. 203).

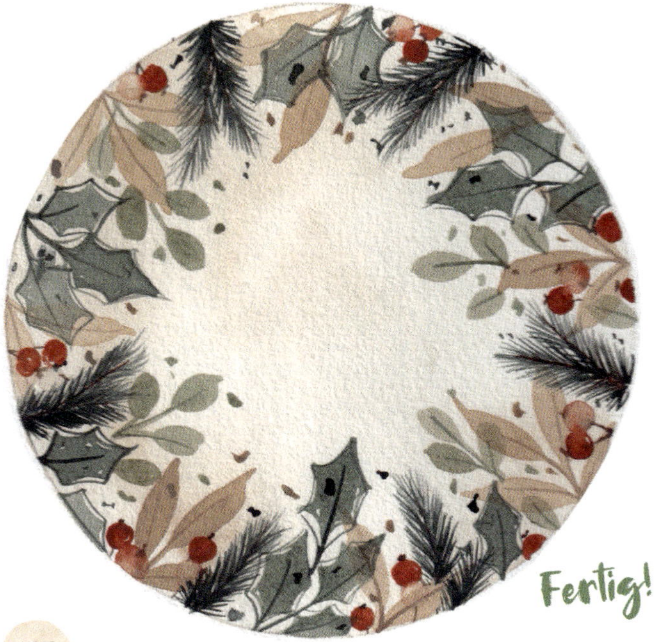

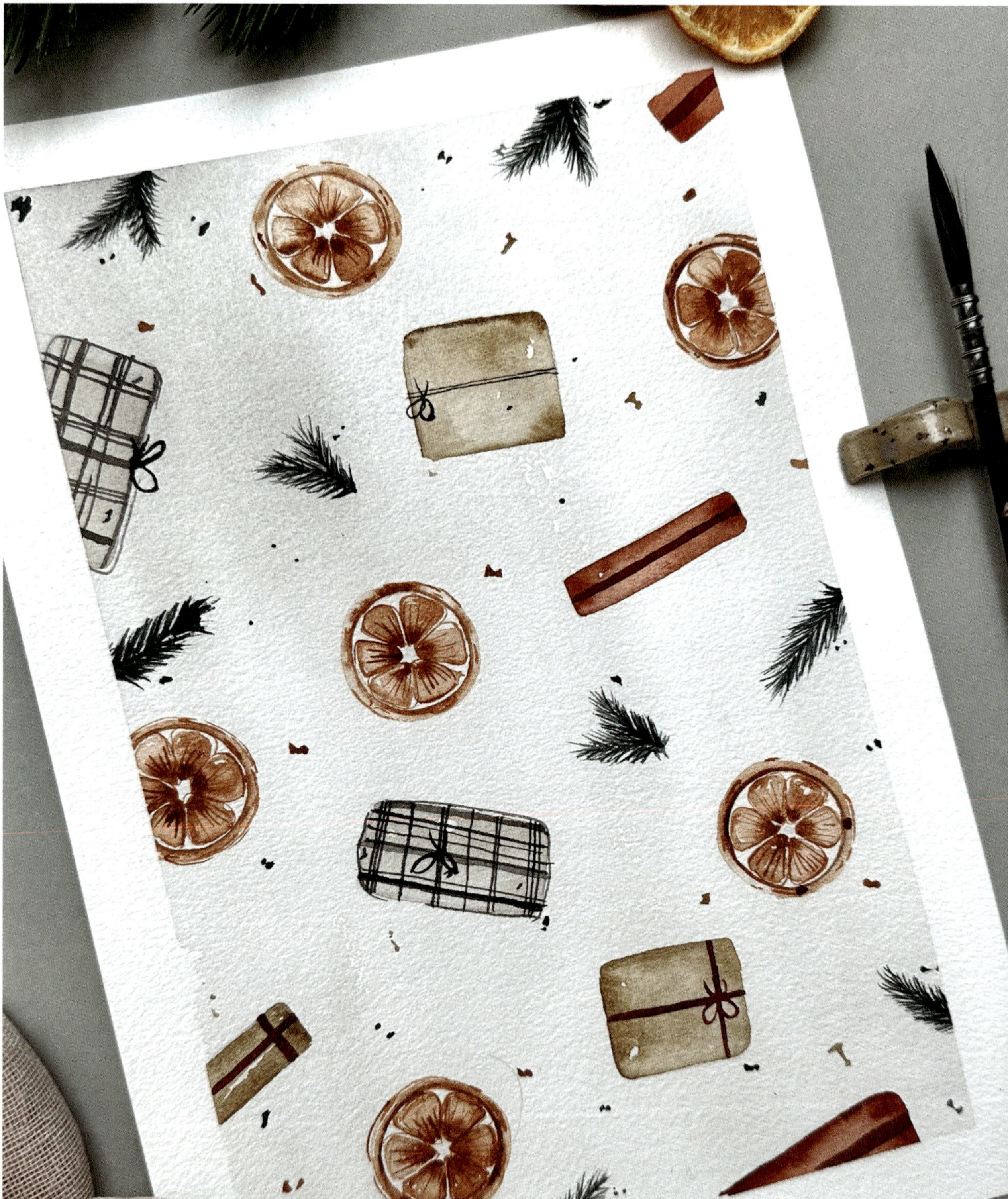

Weihnachtliches Loose-Watercolor-Muster

Muster sind neben Kränzen eine weitere wunderbare Darstellungsform für Loose-Watercolor-Motive. Hier habe ich einmal versucht, meine liebsten Weihnachtsmotive miteinander zu kombinieren. Was darf für dich an Weihnachten nicht fehlen? Versuche doch einfach, diese Elemente in dein persönliches Muster einfließen zu lassen. Viel Spaß!

Material

- Aquarellpinsel (KUM, pinsel.yoga-Set): Rundpinsel Größe 3/0 & 4; French Schlepper Größe 4; Flachpinsel Größe 8
- Baumwoll-Aquarellpapier 300 g/m² matt (Lana cold-pressed)
- wasservermalbarer Bleistift Faber Castell „Graphite Aquarelle" 6B
- Gelstift in Weiß in der Größe 10 (Gelly Roll Sakura)
- Aquarellfarben (Sennelier):

705 Warmgrau

566 Neapelgelb dunkel

205 Umbra Natur

211 Sienna gebrannt

623 Venezianisches Rot

203 Umbra grünlich

755 Elfenbeinschwarz

Schritt-für-Schritt-Anleitung

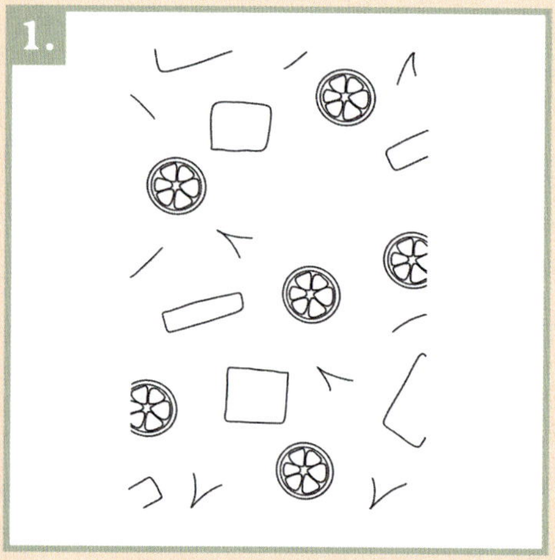

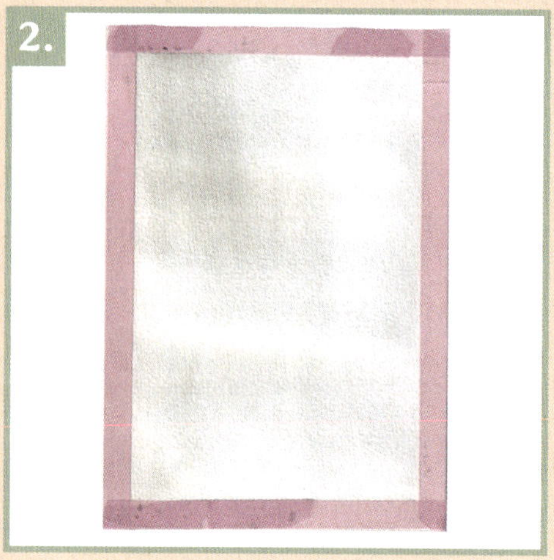

1. Wenn du möchtest, kannst du dir für das weihnachtliche Muster eine Vorzeichnung anlegen. Ich finde, es ist bei den botanischen Loose-Watercolor-Motiven nicht unbedingt nötig, aber es kann dir natürlich eine gewisse Sicherheit geben.

2. Da ich bei dem Muster einen weißen Rand erhalten möchte, klebe ich mir den Rand mit einem Kreppband gerade ab. Am besten testest du vorher einmal, ob dein Klebeband und das Aquarellpapier gut miteinander harmonieren. Nachdem ich das Aquarellpapier gleichmäßig abgeklebt habe, grundiere ich die übrige Fläche in einem hellen Grauton, den ich aus Elfenbeinschwarz Nr. 755 und reichlich Wasser anmische. Die Fläche grundiere ich mit dem French Schlepperpinsel in der Größe 4. Alternativ kannst du hierfür auch den Flachpinsel (Gr. 8) verwenden. Die Grundierung gut trocknen lassen, bevor du mit den einzelnen Elementen beginnst.

3. Wenn du dir die Elemente vorzeichnen möchtest, kannst du sie vorsichtig mit einem Bleistift skizzieren. Ich möchte in meinem Muster Orangen, Geschenke und Tannenzweige platzieren. Diese Elemente können nun nacheinander gestaltet werden. Dabei beginne ich mit den Orangen. Ich habe sie mir

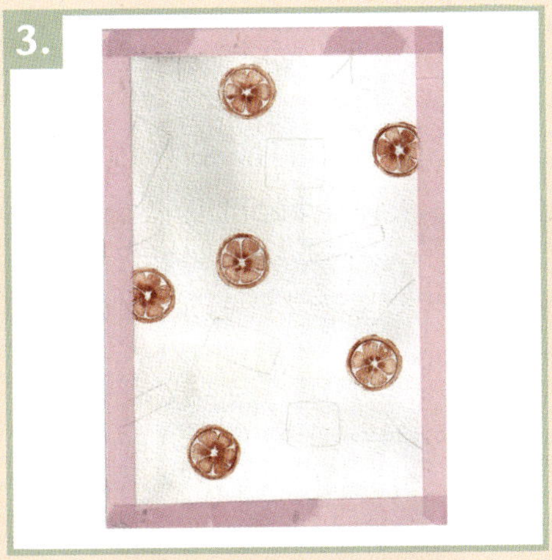

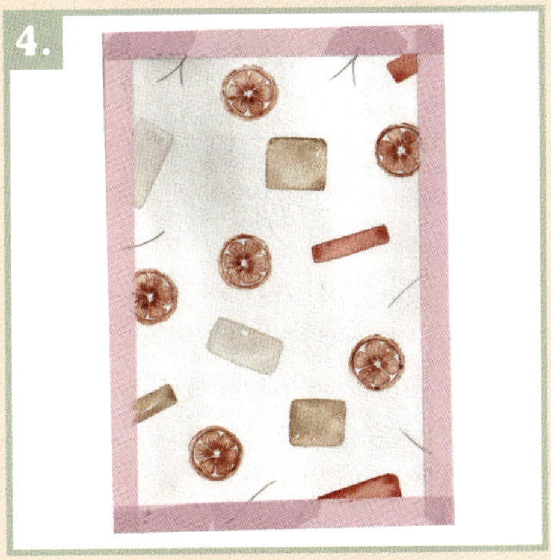

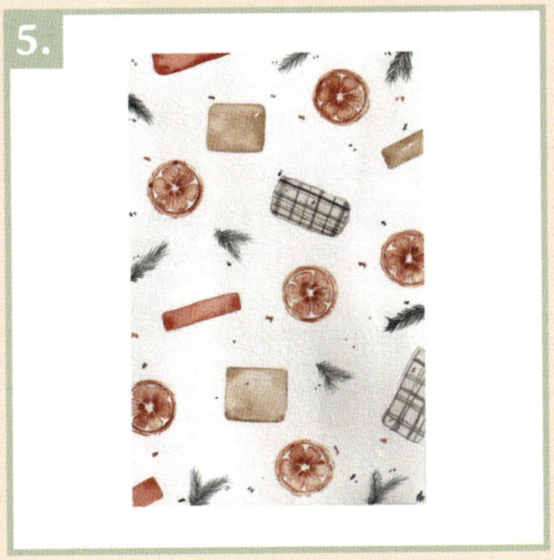

mit einem Kreiszeichner vorgezeichnet, damit sie auch schön rund werden. Für das Orange mische ich Siena gebrannt (Nr. 211) und Neapelgelb dunkel (Nr. 566) miteinander. Dann beginne ich mit der Orangenschale und einem feinen Rundpinsel in der Größe 3/0, da die Elemente insgesamt etwas kleiner geworden sind. Nach und nach ergänze ich die unterschiedlichen Orangenspalten.

4. Als nächste Elemente füge ich unterschiedlich große Geschenkpakete in den Farben Warmgrau (Nr. 705), Rot (Nr. 623), Umbra Natur (Nr. 205) und Grau (Elfenbeinschwarz Nr. 755) hinzu. Diese kannst du entweder mit dem Rundpinsel in der Größe 4 oder auch mit dem Flachpinsel (Gr. 8) gestalten. Zudem kommen in diesem Schritt bereits die Tannenzweige in einem Braun- oder Schwarzton hinzu.

5. Im letzten Schritt ergänze ich zu jedem Element die passenden Details. Die Orangen bekommen kleine Farbkleckse sowie feine Linien an den Orangenspalten mit dem feinen Rundpinsel (3/0) verpasst. Die grauen Geschenke mustere ich mit einem dunkleren Grauton und zarten Linien, sodass ein kariertes Muster entsteht. Feine Geschenkschleifen kannst du auch mit einem Grauton oder mit einem Fineliner ergänzen. Die Tannenzweige erhalten passende grüne Tannennadeln (Umbra grünlich Nr. 203). Zudem fülle ich die Zwischenräume mit kleinen Farbtupfern – voilà!

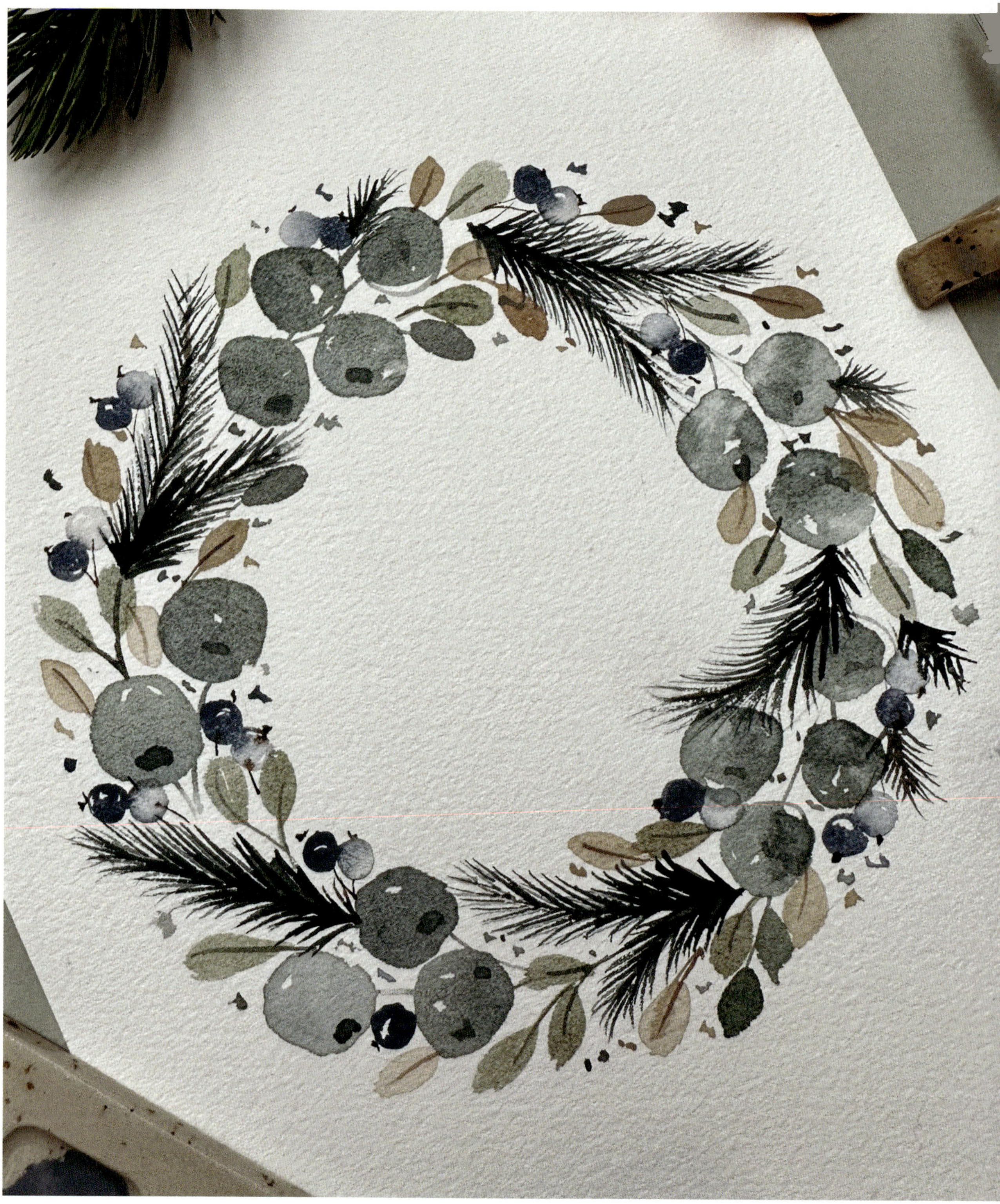

Weihnachtlicher Loose-Watercolor-Kranz

Ein schöner lockerer Aquarellkranz ist ein tolles weihnachtliches Motiv und eignet sich meiner Meinung nach wunderbar, um beispielsweise Weihnachtskarten zu gestalten. Bei diesem Kranz habe ich versucht, klassische weihnachtliche Elemente, wie beispielsweise Beeren und Tannenzweige, mit modernen Eukalyptuszweigen zu kombinieren. Natürlich kannst du den Kranz ganz nach Belieben abändern.

Material

- Aquarellpinsel (KUM, pinsel.yoga-Set):
  Rundpinsel Größe 3/0 & 4; French Schlepper Größe 4
- Baumwoll-Aquarellpapier 300 g/m² matt (Lana cold-pressed)
- wasservermalbarer Bleistift Faber Castell „Graphite Aquarelle“ 6B
- Aquarellfarben (Sennelier):

705 Warmgrau

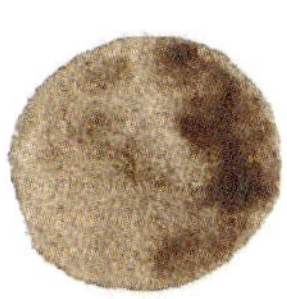
205 Umbra Natur

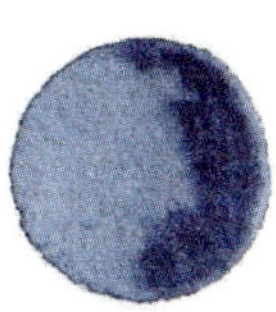
395 Blau Indanthren

213 Grüne Erde

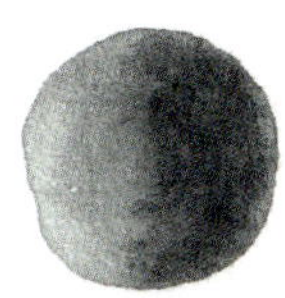
203 Umbra grünlich

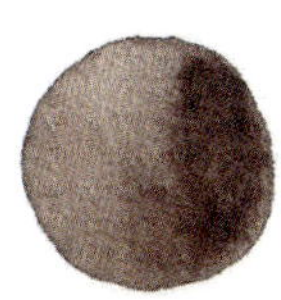
440 Sepia Warm

755 Elfenbeinschwarz

Schritt-für-Schritt-Anleitung

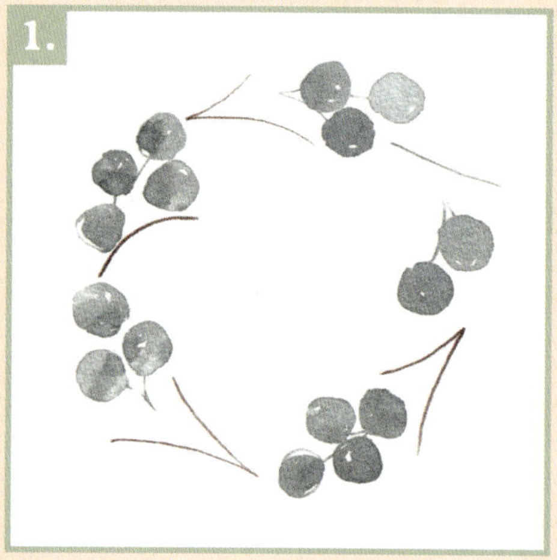

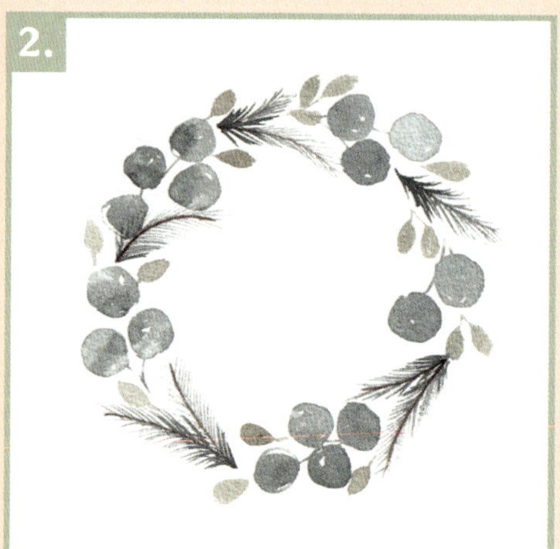

1. Bei floralen Loose-Watercolor-Motiven musst du dir nicht notwendigerweise eine Skizze anfertigen. Wenn ich einen Kranz male, zeichne ich mir in der Regel nur den Kreis mithilfe eines Kreiszeichners vor. Dabei kann es hilfreich sein, einen äußeren und einen inneren Kreis zu zeichnen und so direkt die Dicke des Kranzes vorzugeben. Auch hierbei nutze ich gerne einen wasservermalbaren Bleistift.

2. Bei diesem Kranz gestalte ich die Elemente ebenfalls der Größe nach und beginne dabei mit den Eukalyptuszweigen. Diese kannst du wunderbar mit dem French Schleppper in der Größe 4 malen, da dieser locker gebunden ist. So gehen die runden Eukalyptusblätter leicht von der Hand. Für den perfekten Eukalyptuston mische ich Grüne Erde (Nr. 213) mit Umbra grünlich (Nr. 203) und etwas Blau (Nr. 395). Du kannst auch gerne die Anzahl der Eukalyptusblätter an einem Zweig variieren, dies macht den Kranz deutlich spannender. Anschließend zeichne ich bereits die Tannenzweige in einem Braunton (Sepia Warm Nr. 440) mit dem feinen Rundpinsel (3/0) ein.

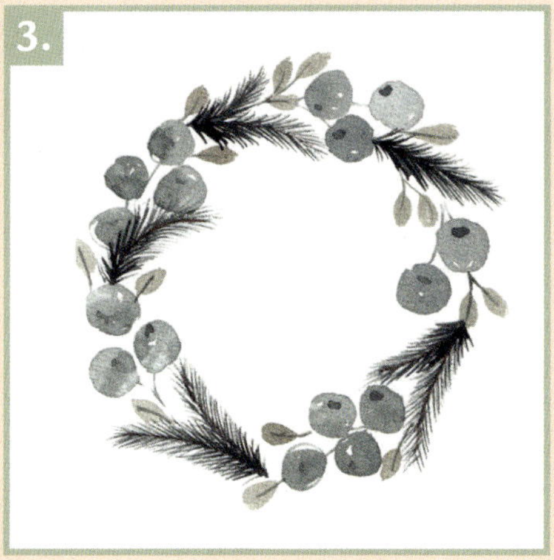

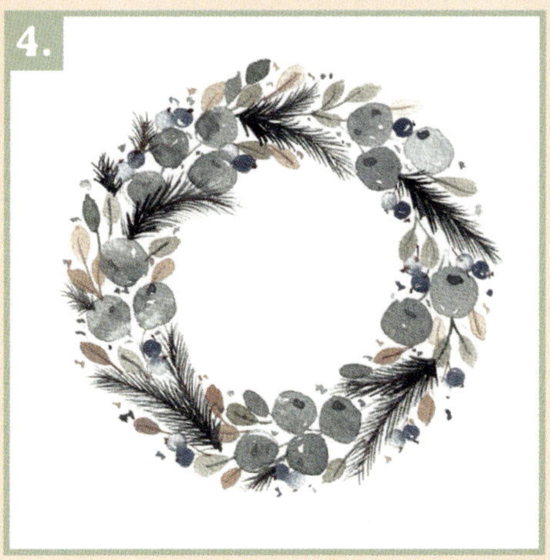

3. Sobald die ersten Elemente getrocknet sind, können wir die kleinen Loose-Watercolor-Blätter ergänzen. Hierfür habe ich einen helleren Grünton gewählt, um etwas Abwechslung zu schaffen (Grüne Erde Nr. 213). Die Blätter male ich mit dem Rundpinsel in der Größe 4. Die feinen Tannennadeln ergänze ich im folgenden Schritt wieder mit dem feinen Rundpinsel (3/0) und in einem dunklen Grünton (Umbra grünlich Nr. 203).

4. Im letzten Schritt fülle ich die restlichen Lücken im Kranz mit kleinen Beeren (Blau Nr. 395 und Elfenbeinschwarz Nr. 755) und weiteren Loose-Watercolor-Blättern (Umbra Natur Nr. 205) auf. Du kannst natürlich auch noch weitere bzw. andere Elemente nach Belieben ergänzen.

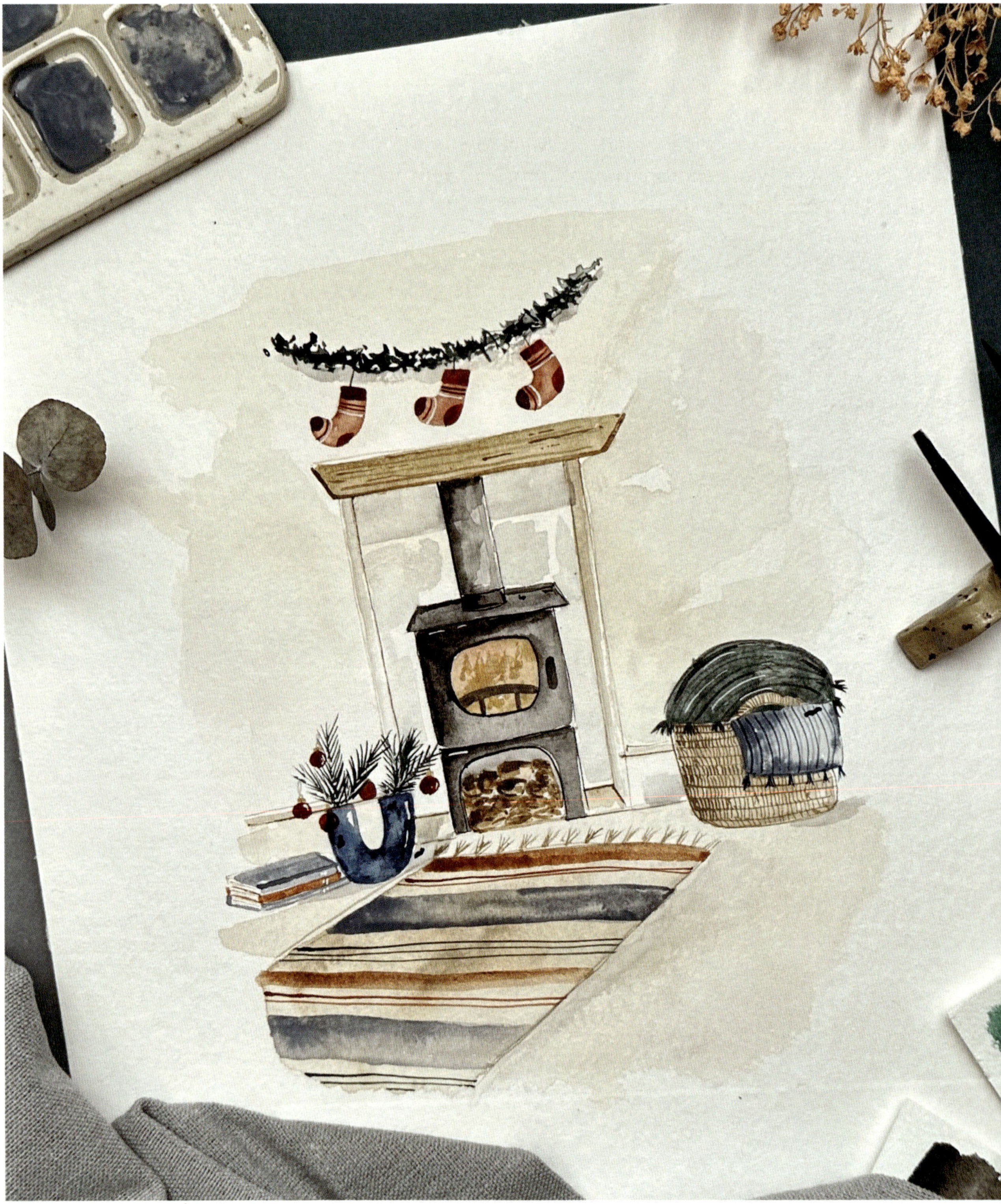

Kaminzimmer

Meine nächste Illustration verbindet die Interiorliebe und das Winter Wonderland zu einem Motiv. Was gibt es Weihnachtlicheres, als gemeinsam mit der Familie vor dem Kamin zu sitzen und den Tannenbaum zu bestaunen?

Material

- Aquarellpinsel (KUM, pinsel.yoga-Set)
  Rundpinsel Größe 3/0 & 4; French Schlepper Größe 4; Flachpinsel Größe 8
- Baumwoll-Aquarellpapier 300 g/m² matt (Lana cold-pressed)
- wasservermalbarer Bleistift Faber Castell „Graphite Aquarelle“ 6B
- Gelstift in Weiß in der Größe 10 (Gelly Roll Sakura)
- Aquarellfarben (Sennelier):

705 Warmgrau
566 Neapelgelb dunkel
205 Umbra Natur
211 Sienna gebrannt
623 Venezianisches Rot
359 Blau Indanthren
213 Grüne Erde
203 Umbra grünlich
440 Sepia warm
755 Elfenbeinschwarz

Schritt-für-Schritt-Anleitung

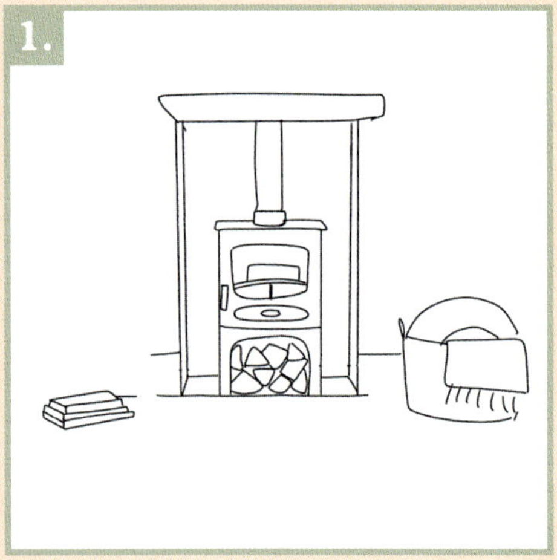

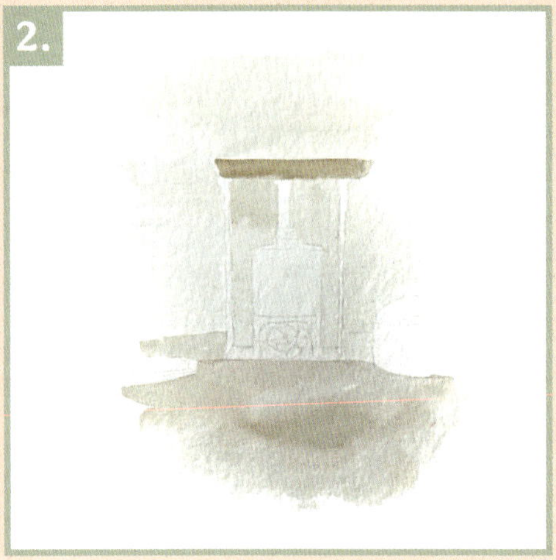

1. Bei komplexeren Interior-Motiven arbeite ich sehr gerne mit einer Skizze. So kannst du deine Illustration stimmig gestalten. In diesem Schritt kannst du die Vorzeichnung, die dir unter den Downloads zur Verfügung steht, natürlich auch sehr gerne nach deinem Geschmack anpassen oder sogar frei Hand skizzieren. So oder so übertrage ich diese im ersten Schritt mit einem wasservermalbaren Bleistift auf mein Aquarellpapier. Der wasservermalbare Bleistift hat den Vorteil, dass er sich im Laufe der Illustration mit den Aquarellfarben vermischt und am Ende nicht mehr zu sehen ist. Trotzdem achte ich darauf, in diesem Schritt nicht zu dunkel vorzuzeichnen.

2. Daraufhin grundiere ich in einem hellen Beigeton (Warmgrau Nr. 705) die Wand und den Boden des Kaminzimmers. Falls du die Wand lieber Weiß lassen möchtest, überspringe diesen Schritt gerne. Alternativ kannst du dir natürlich auch eine andere Wandgestaltung überlegen. Für meine beige Wand verwende ich den French Schlepper in der Größe 4, da ich mit diesem schön flächig und locker arbeiten kann. Zu dem Beigeton für den Holzfußboden gebe ich noch etwas Umbra Natur (Nr. 205) mit hinzu, um den Farbton etwas abzuändern. Lasse nun alles gut trocknen.

3.

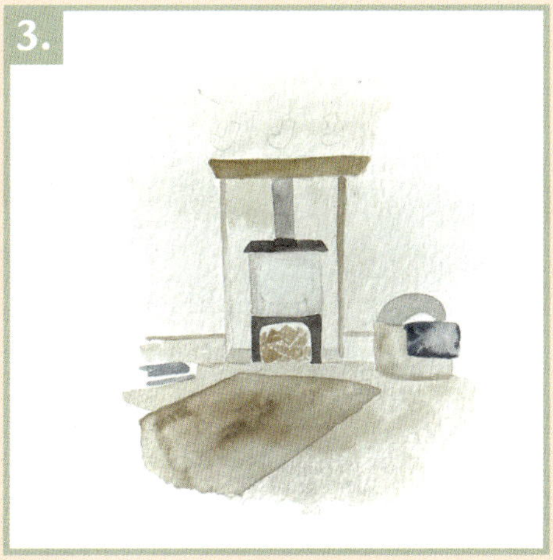

4.

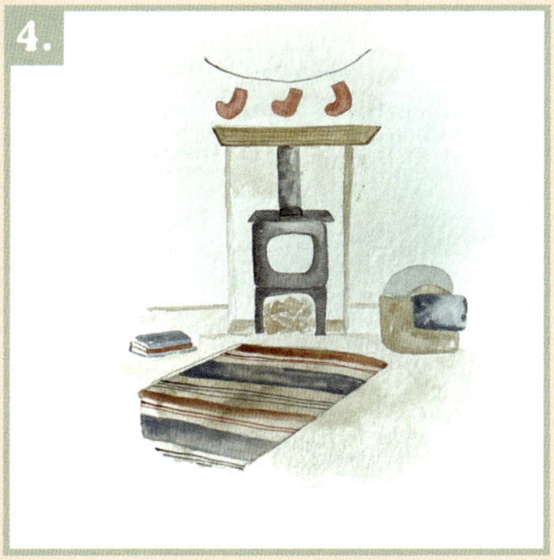

5.

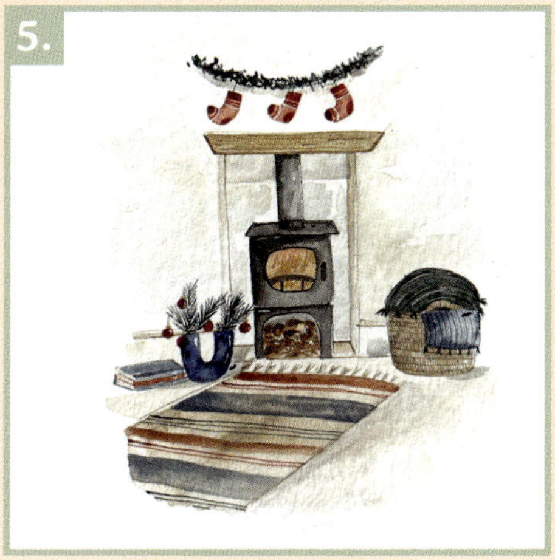

3. Im nächsten Schritt können wir die kleineren Elemente in der Illustration hervorheben. Dabei habe ich mich spontan entschieden, in dem Kaminzimmer noch einen Teppich zu ergänzen. Daher grundiere ich diese Fläche mit einem Umbra Naturton (Nr. 205) mithilfe eines Flachpinsels in der Größe 8. Den Kamin grundiere ich in einem hellen Grauton (Elfenbeinschwarz Nr. 755) mit einem Rundpinsel in der Größe 4.

4. Nun wird es Schritt für Schritt immer detailreicher. Zuerst verziere ich den Teppich mit unterschiedlich dicken und bunten Streifen mit dem Rundpinsel in der Größe 4 und 3/0. Hinzu kommen noch Bücher links neben dem Kamin, Weihnachtssocken darüber, Holz darunter und ein Korb voller Decken rechts daneben. So wirkt das Bild etwas lebendiger.

5. Im letzten Schritt ergänze ich weitere Details und Schatten. Links neben dem Kamin habe ich spontan noch eine Vase mit Tannenzweigen und Weihnachtskugeln eingefügt, da mir diese Ecke noch etwas leer vorkam. Im Kamin habe ich mit Neapelgelb dunkel (Nr. 566) ein brennendes Feuer angedeutet. Über dem Kamin darf natürlich eine Tannengrün-Girlande nicht fehlen. Deiner Kreativität bei dem Einrichten des Kaminzimmers sind keine Grenzen gesetzt. Viel Spaß beim Gestalten!

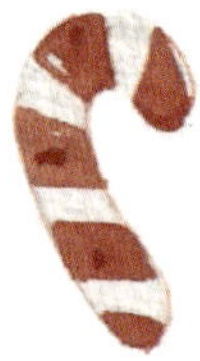

Motivbibliothek Winter Wonderland

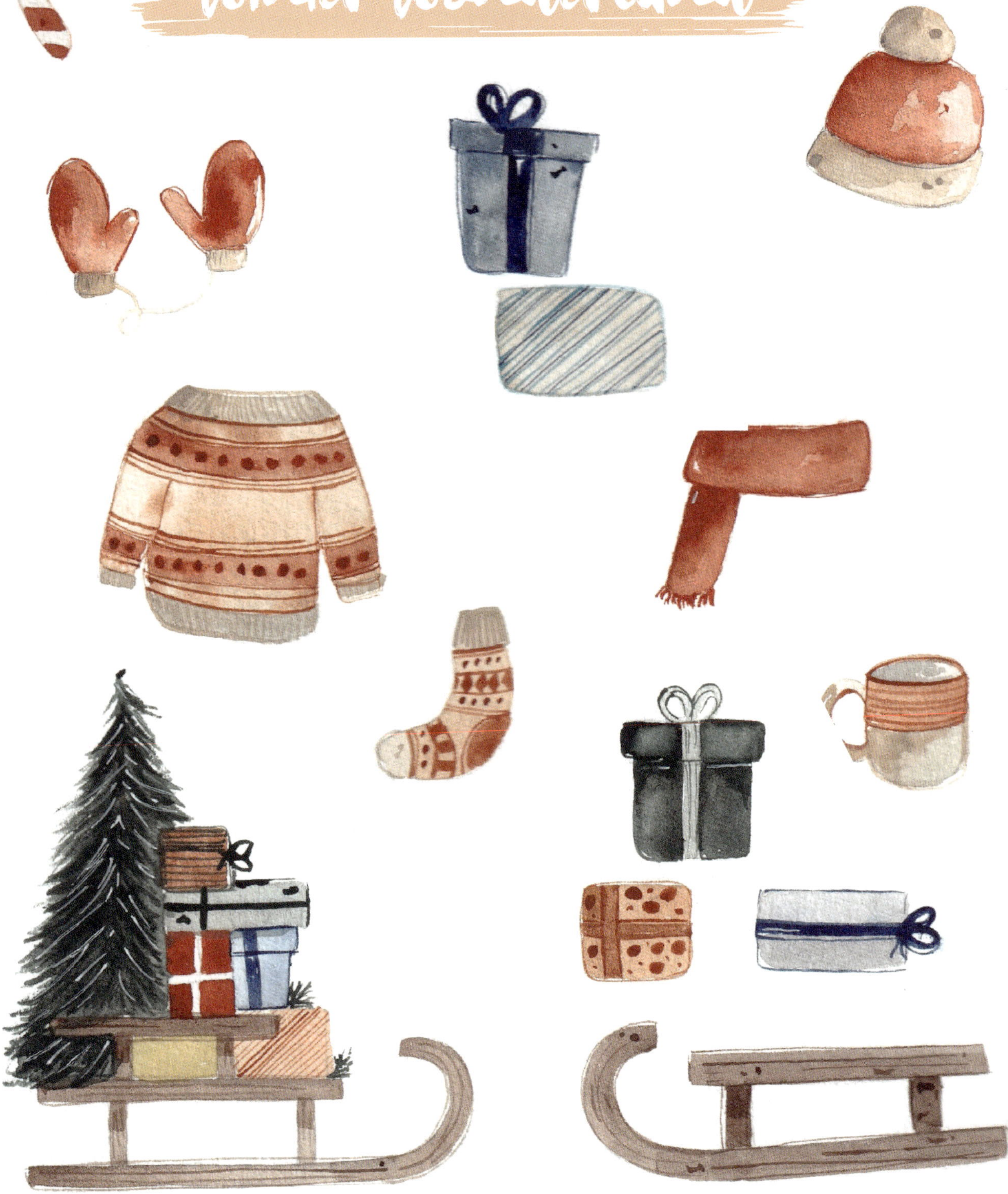

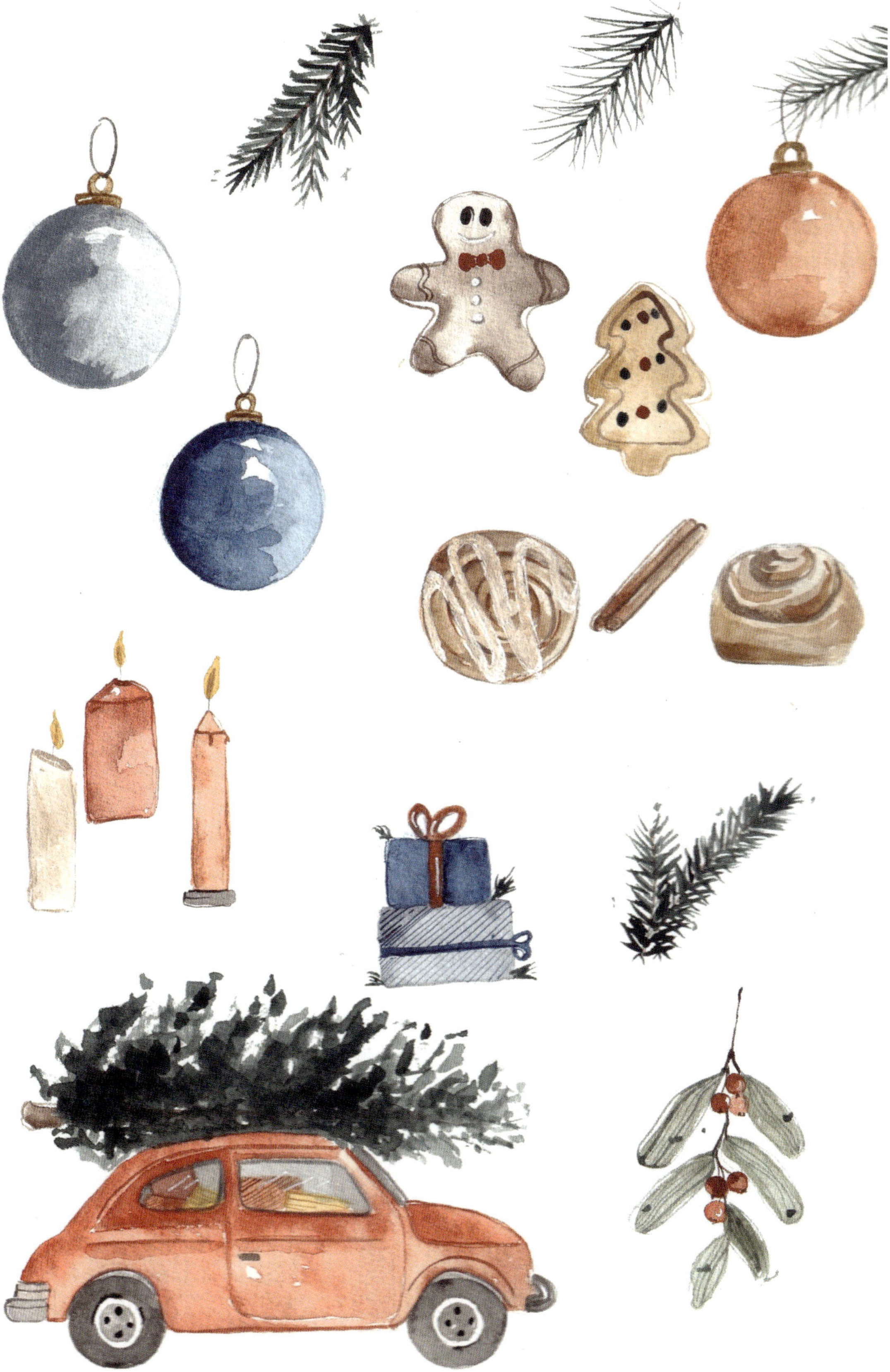

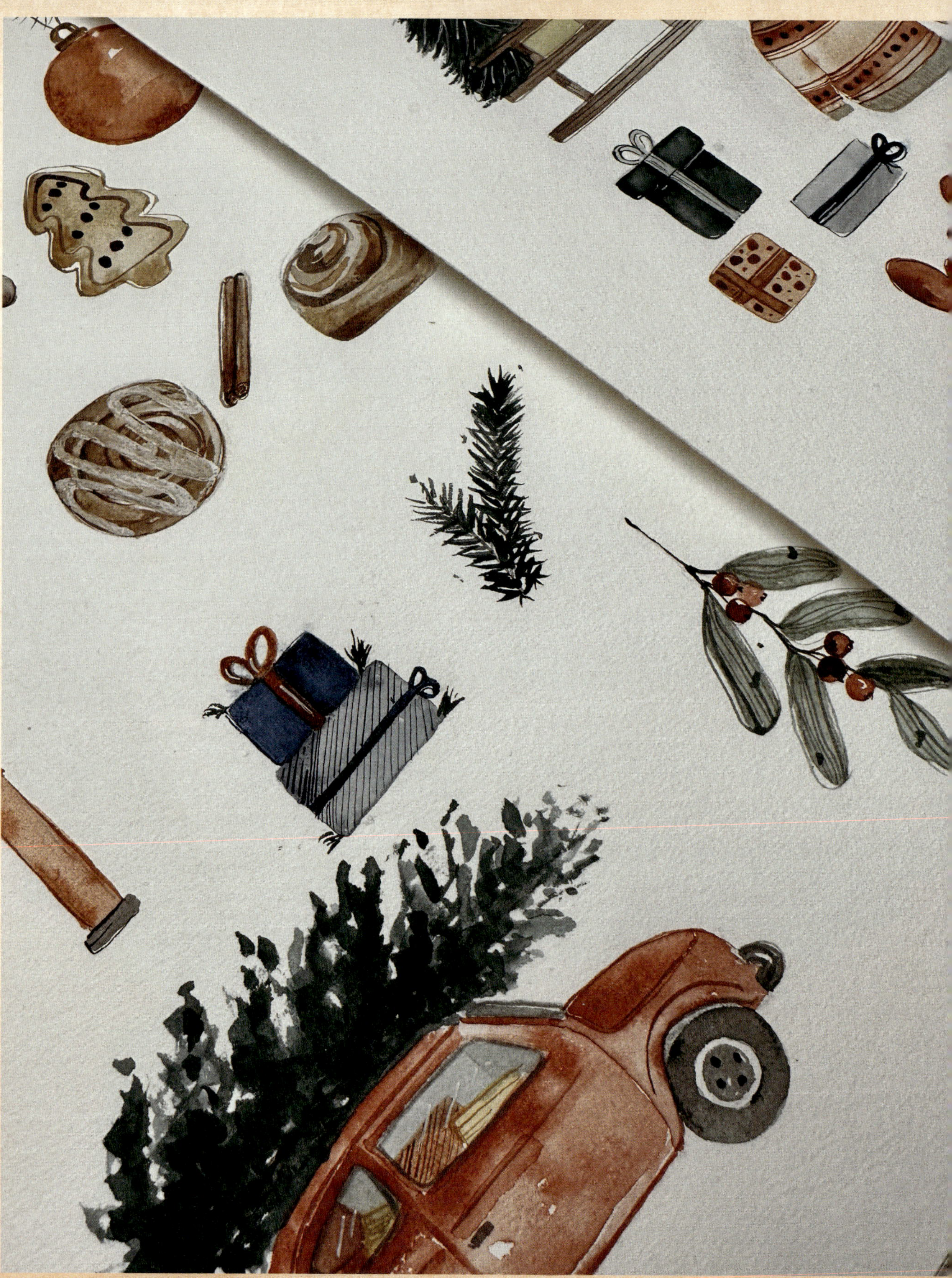

Folklore Art – Gouache-Exkurs

Gouache ist ein total spannendes Medium und begeistert mich schon seit einiger Zeit. Der deckende Auftrag und der matte Look nach dem Trocknen machen es für mich zu etwas ganz Besonderem. In diesem Kapitel möchte ich dir zeigen, wie du skandinavische Folklore-Art-Motive auch mit diesem spannenden Medium ganz leicht umsetzen kannst. Natürlich kannst du die Motive auch in jedem anderen Medium umsetzen. Vielleicht fragst du dich nun, was ich mit Folklore Art meine? Die skandinavische Folklore-Kunst ist eine Form der Volkskunst, die sich auf die traditionelle Kultur und Geschichte der skandinavischen Länder bezieht. Die skandinavische Folklore-Kunst in Form von Mustern kann sehr vielfältig sein und beinhaltet oft abstrakte, geometrische oder organische Formen. Natürlich bin ich kein Experte dieser Kunstform – ich habe mich lediglich von ihr inspirieren lassen und hoffe, dass ich dich etwas damit anstecken kann.

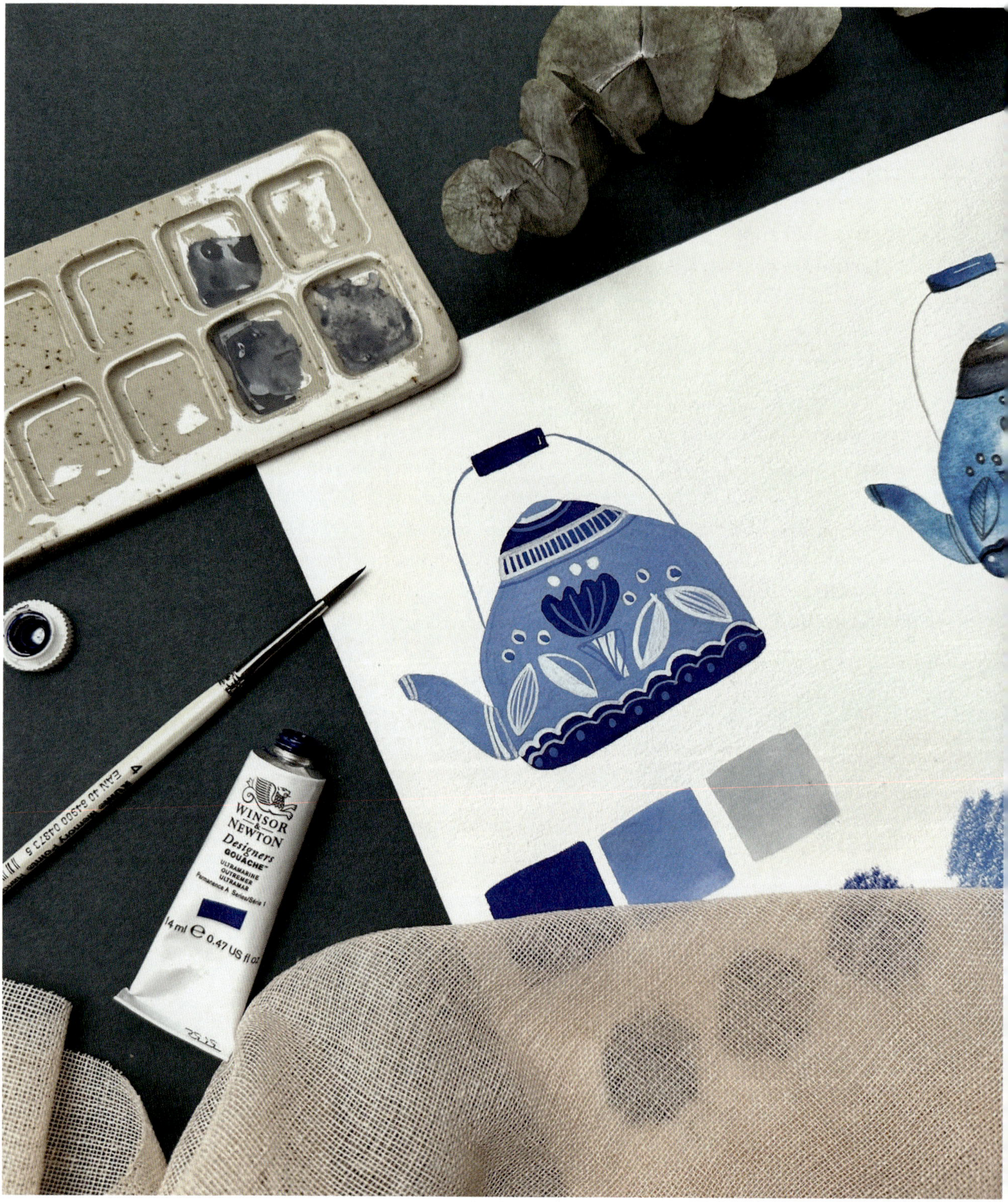
WINSOR & NEWTON
Designers
GOUACHE
ULTRAMARINE
OUTREMER
ULTRAMAR
14 ml ℮ 0.47 US fl oz

Teekanne

Teekannen sind nicht unbedingt typische Motive der Folklore-Kunst, aber sie kommen in den Kunststilen einiger Regionen vor. Zum Beispiel gibt es in manchen Teilen Skandinaviens, beispielsweise in Norwegen, traditionelle Teekannen mit bunten Blumenmustern, die als „rosemalt" bekannt sind und zur Volkskunst gehören. Angelehnt daran, habe ich die folgende Illustration gestaltet. Alternativ zu der Gouache-Version habe ich sowohl eine Aquarell- als auch eine Buntstiftversion realisiert.

Material

- Buntstifte (Caran d'ache Luminance): Nr. 159; 495; 140; 662
- Aquarellfarben (Sennelier): Coelinblau Rot schattiert Nr. 305; Blau Indanthren Nr. 395; Elfenbeinschwarz Nr. 755
- Aquarellpinsel (KUM, pinsel.yoga-Set)
- Rundpinsel Größe 3/0 & 4; Flachpinsel Größe 8
- Baumwoll-Aquarellpapier 300 g/m² matt (Hahnemühle Expression)
- wasservermalbarer Bleistift Faber Castell „Graphite Aquarelle" 6B
- Gouache-Farben (Designers Gouache - Winsor & Newton):

Permanent Weiß Nr. 512

Ultramarinblau Nr. 660

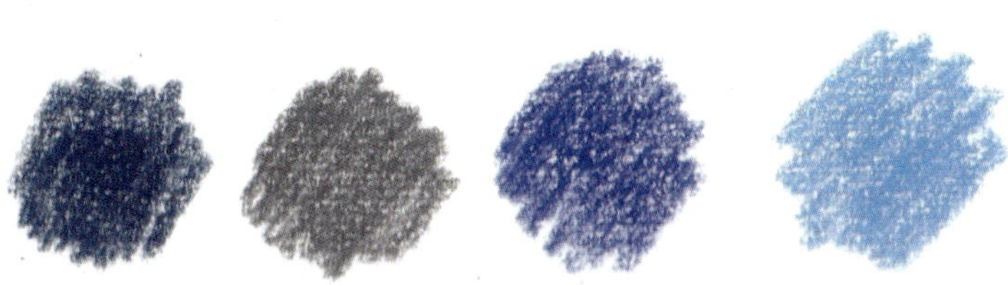

Schritt-für-Schritt-Anleitung

1.

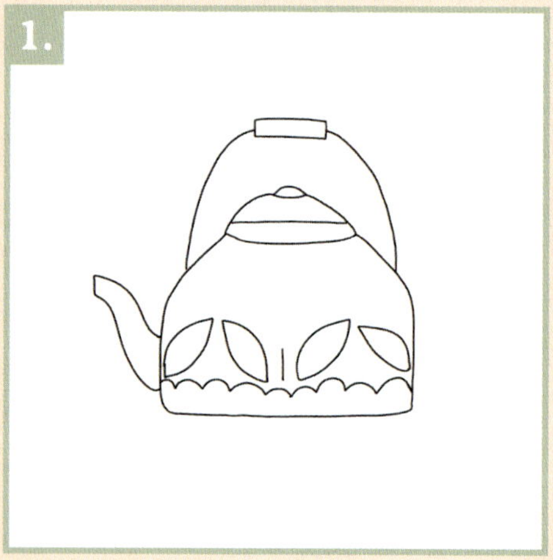

1. Bei diesem Motiv kannst du dich kreativ austoben und das Medium deiner Wahl nutzen. Ich finde solch kleinere Motive wunderbar geeignet, um auch mal neue Medien zu testen. Daher habe ich die Teekanne in gleich drei Versionen gestaltet. Zunächst übertrage ich die kleine Skizze auf mein Aquarellpapier. Wenn du mit Gouache arbeitest, musst du nicht unbedingt darauf achten, dass dein Bleistift wasserlöslich ist, da die Gouache-Farbe diesen sowieso überdeckt. Daher musst du deine Skizze auch nicht sehr detailliert anfertigen, da man sie nach der ersten Schicht nicht mehr sehen wird.

2.

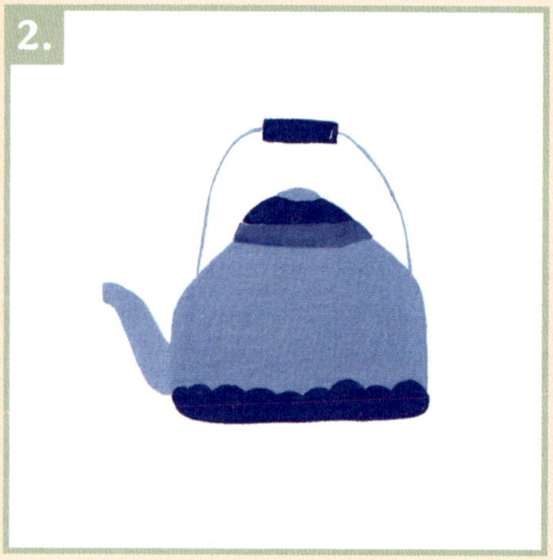

2. Im nächsten Schritt mische ich verschiedene Blautöne aus Ultramarinblau und Permanent Weiß zusammen. Da der Farbton von Gouache-Farben im trockenen Zustand oftmals leicht von dem im nassen Zustand abweicht, empfehle ich dir, ein Schmierpapier bereitzulegen und hierauf deine Farbmischungen zu testen. Sobald ich die passenden Blautöne ausgewählt habe, grundiere ich die Teekanne dementsprechend mit dem Flachpinsel in der Größe 8. Alternativ kannst du hierfür auch den Rundpinsel in der Größe 4 verwenden. Die Grundierung gut trocknen lassen.

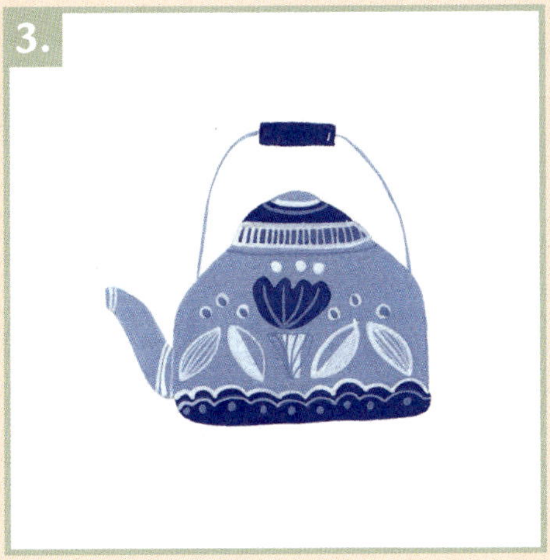

3. Da die Gouache-Farben deckend sind, kannst du auch helle Farbtöne über bereits dunkle Farbflächen malen. Somit können wir die Teekanne nun auch mit helleren Blautönen verzieren. Für die Details nutze ich dabei den feinen Rundpinsel in der Größe 3/0. Die pastöse Gouache-Farbe legt sich um die einzelnen Pinselhaare herum, wodurch der Pinselstrich mit Gouache immer etwas dicker sein wird im Vergleich zu deinen gewohnten Aquarellfarben.

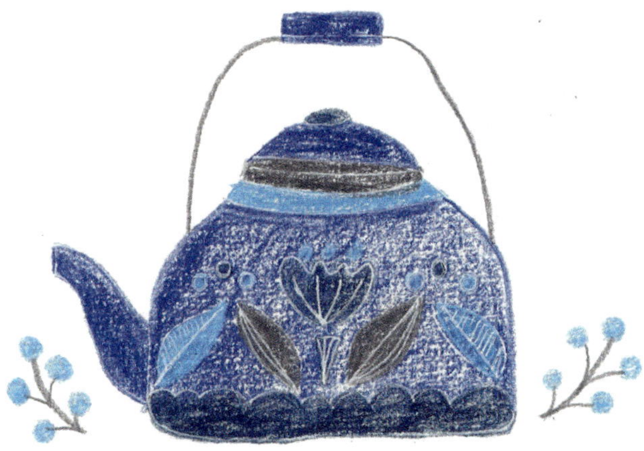

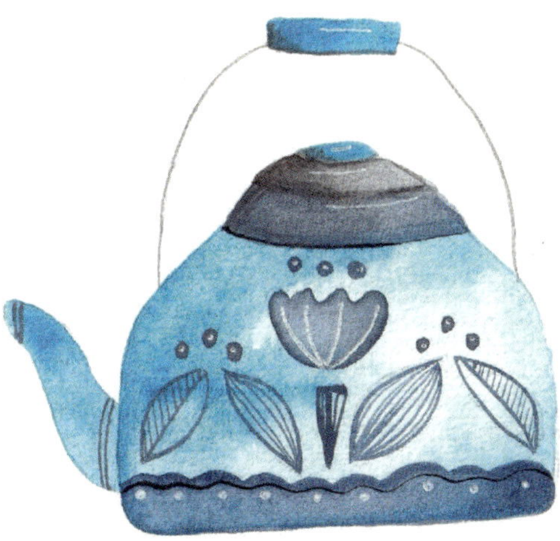

Hier wurde die Teekanne einmal mit Buntstiften und mit Aquarellfarben gemalt.

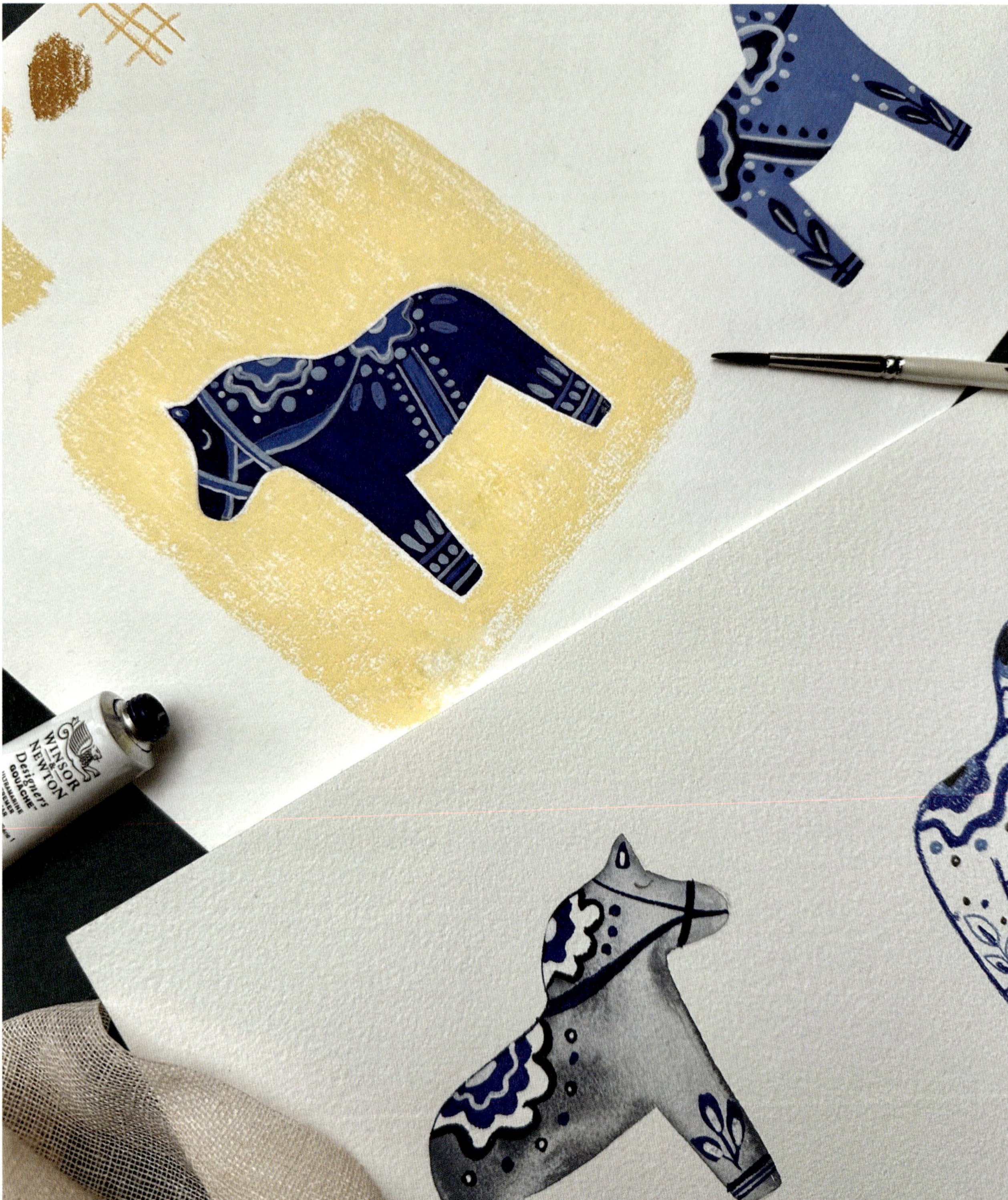
WINSOR & NEWTON
Designers
GOUACHE

Dalapferd

Hast du schon einmal von dem sogenannten Dalapferd gehört?

Ein „Dalapferd“ (schwedisch „Dalahäst“ genannt) ist eine traditionelle hölzerne Pferdefigur aus Schweden. Sie stammt aus der Region Dalarna und ist ein Symbol für die schwedische Kultur und Tradition. Das Dalapferd ist meist aus Kiefernholz geschnitzt und in Rot, Weiß und Grün bemalt, wobei das typische Muster aus weißen und grünen Ornamenten auf rotem Hintergrund besteht. Hier habe ich mal eine blaue Gouache-Version des Motivs gestaltet – meine eigene Interpretation sozusagen. Alternativ habe ich dir auch eine Aquarell- und Buntstiftversion gemalt.

Material

- Pastellstift Caran d'ache Neocolor II Nr.521
- Aquarellpinsel (KUM, pinsel.yoga-Set): Rundpinsel Größe 3/0 & 4
- Baumwoll-Aquarellpapier 300 g/m² matt (Hahnemühle Expression)
- wasservermalbarer Bleistift Faber Castell „Graphite Aquarelle“ 6B
- Gouache-Farben (Winsor & Newton):

Permanent Weiß Nr. 512

Ultramarinblau Nr. 660

Schritt-für-Schritt-Anleitung

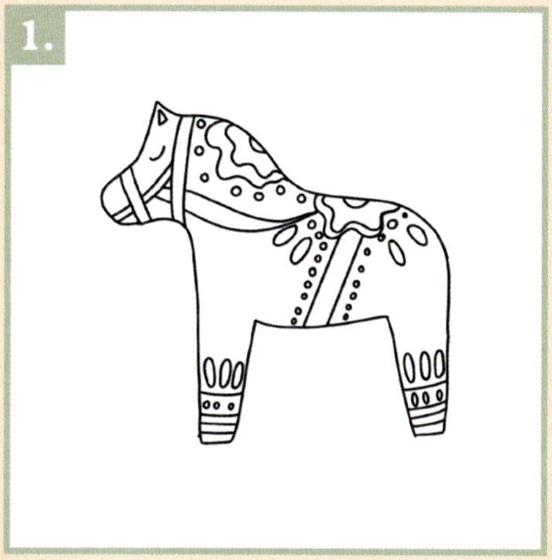

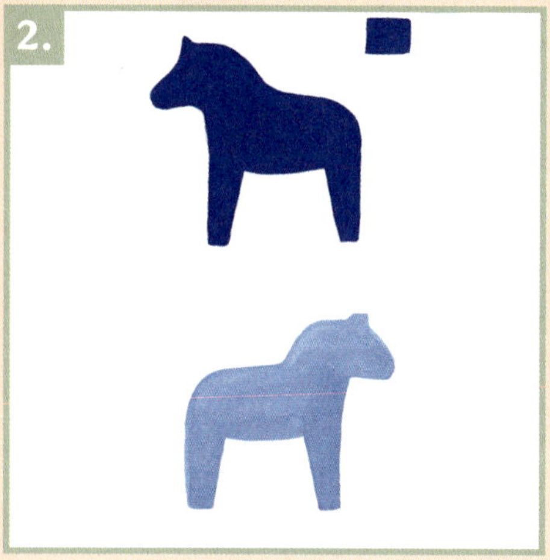

1. Bei diesem Motiv wollte ich zwei verschiedene Gouache-Versionen austesten – einmal mit einer hellen und einmal mit einer dunkleren Grundierung. Daher habe ich mir im ersten Schritt die Skizze in doppelter Ausführung angefertigt. Parallel zu den Gouache-Versionen habe ich auch erneut ein Dalapferd in der Aquarell- und in der Buntstift Version gestaltet.

2. Im ersten Schritt habe ich das dunklere Pferd mit der reinen Ultramarinblau Gouache-Farbe grundiert. Dieser Farbton ist nicht sonderlich deckend, deshalb habe ich mehrere Schichten dafür benötigt. Für das hell grundierte Pferd habe ich zu dem Blau noch etwas Permanent Weiß hinzugegeben. Daher hat dieses Pferd für die Grundierung insgesamt weniger Farbschichten benötigt. Diese habe ich jeweils mit dem Rundpinsel in der Größe 4 aufgetragen.

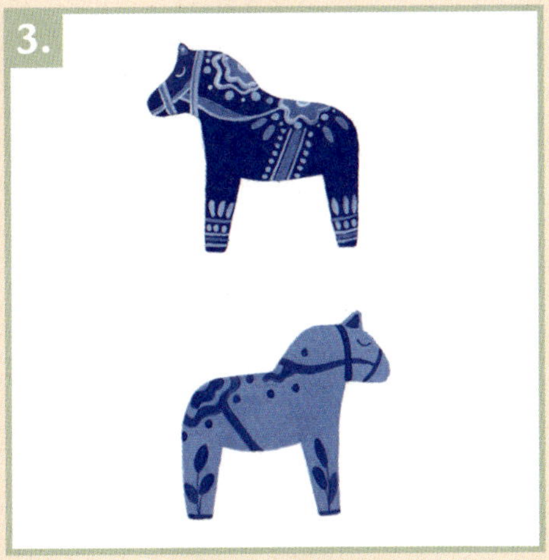

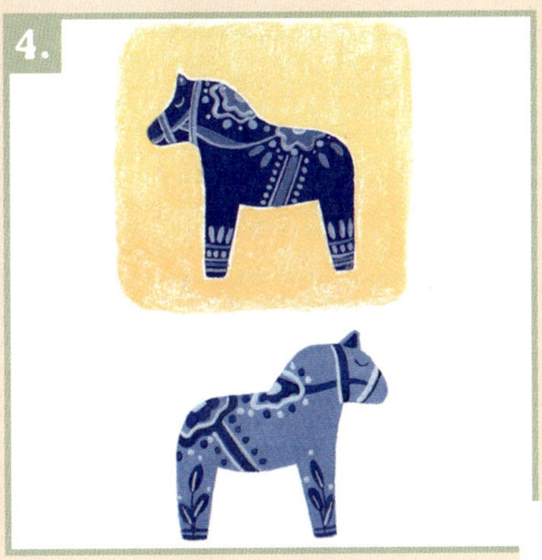

3. Nun folgen die feinen Details mit dem Rundpinsel in der Größe 3/0. Für das helle Pferd habe ich die Details in einem dunklen Blauton und für das dunkle Pferd entsprechend umgekehrt ergänzt. Auch diese Schicht nun gut trocknen lassen.

4. Für einen noch spannenderen Look habe ich bei dem dunklen Pferd einen Pastellhintergrund mit dem Neocolor II Pastellstift in der passenden Komplementärfarbe Gelb (Nr. 521) ergänzt. Dies bringt das Blau des Pferdes noch stärker zum Strahlen.

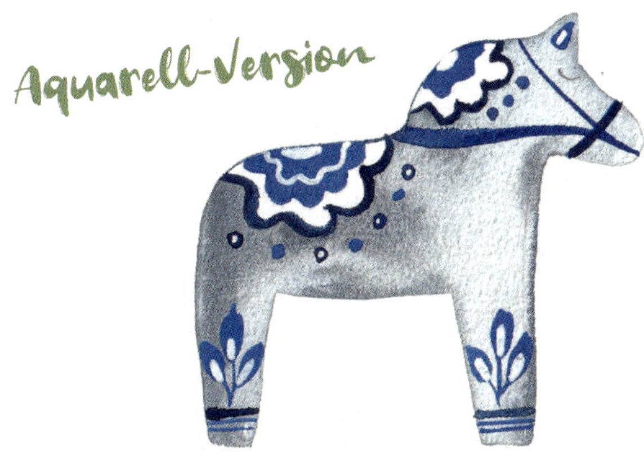

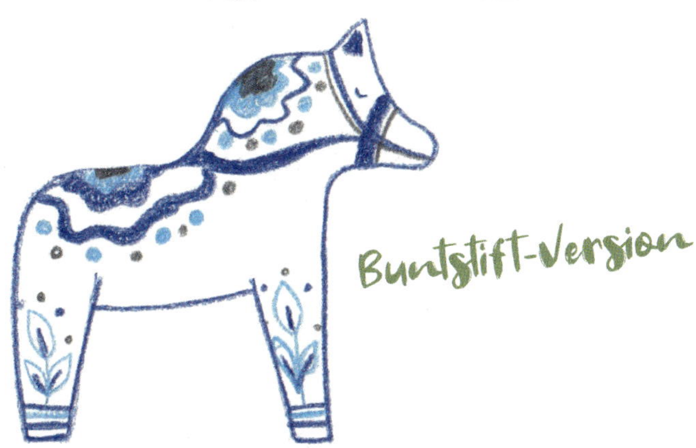

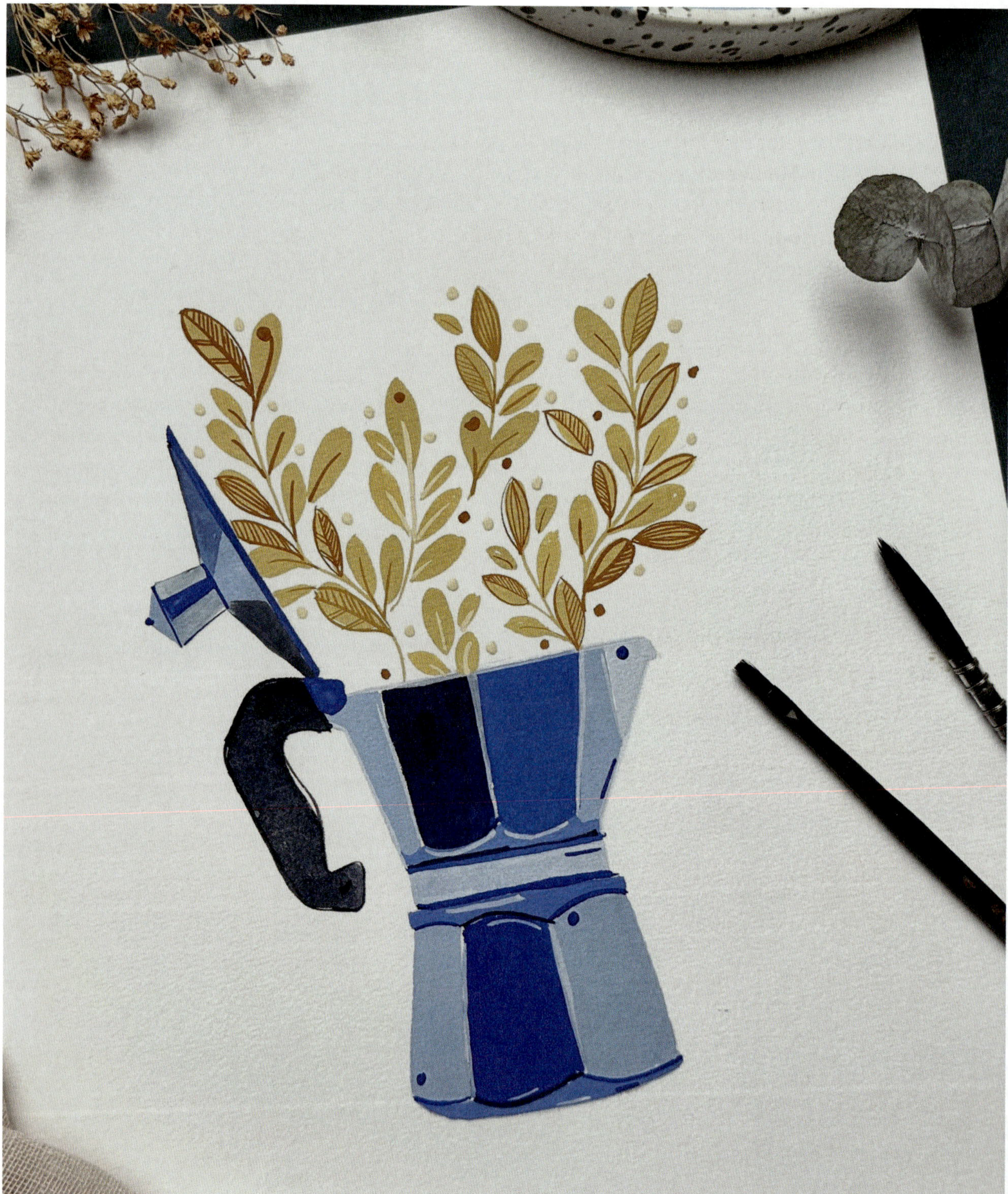

Kaffeekanne

Eine Bialetti ist jetzt nicht unbedingt typisch skandinavisch. Für mich bedeutet Hygge aber auch, mit einem Heißgetränk auf dem Sofa zu sitzen und zu entspannen. Um dieses Hygge-Gefühl mit einer ästhetischen Kaffeekanne zu kombinieren, habe ich die Bialetti gewählt. Natürlich kannst du diese Illustration auch gerne abwandeln und zum Beispiel eine Teetasse daraus gestalten.

Material

- Aquarellpinsel (KUM, pinsel.yoga-Set)
  Rundpinsel Größe 3/0 & 4; French Schlepper Größe 4; Flachpinsel Größe 8
- Baumwoll-Aquarellpapier 300 g/m² matt (Lana cold-pressed)
- wasservermalbarer Bleistift Faber Castell „Graphite Aquarelle“ 6B
- Gouache-Farben (Winsor & Newton):

Permanent Weiß Nr. 512

Ultramarinblau Nr. 660

Primärgelb Nr. 527

Elfenbeinschwarz Nr. 311

Gelber Ocker Nr. 744

Schritt-für-Schritt-Anleitung

1.

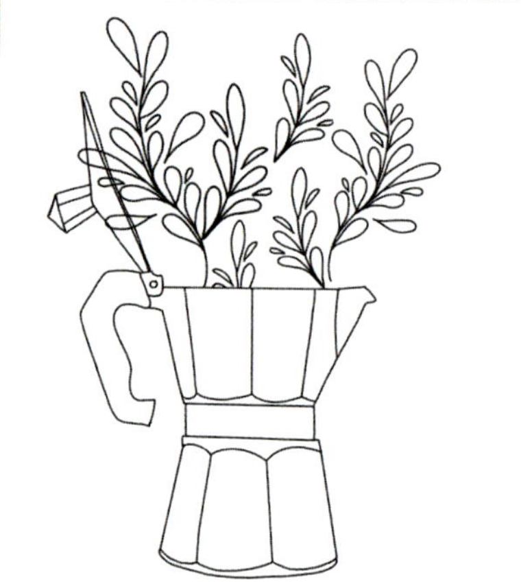

2.

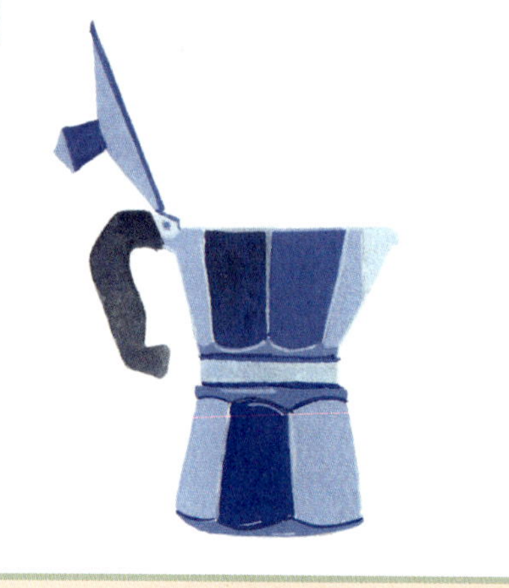

1. Da die Kaffeekanne ein so geometrisches Motiv ist, habe ich auch hier zunächst eine Skizze angefertigt. So kann ich sichergehen, dass am Ende die Proportionen stimmen. Ich finde Vorlagen auch sehr schön, da man sich dann in den nachfolgenden Schritten viel besser auf die Farben und die Gestaltung der einzelnen Elemente konzentrieren kann. Du kannst dir für die Vorlage gerne die Datei entsprechend herunterladen, oder du versucht, das Motiv frei Hand zu skizzieren. Dabei ist es nicht so wichtig, welchen Bleistift du verwendest oder ob dieser wasserlöslich ist, da die Gouache-Farbe die Skizze am Ende überdecken wird. Lege dir für den Anfang auch gerne eine Farbkarte für dein Motiv an. Gouache-Farbe trocknet je nach Farbton und Zugabe von weißer oder schwarzer Gouache-Farbe manchmal heller oder dunkler, als man es erwartet. Daher sind Farbswatches zu Beginn des Bildes sehr nützlich.

2. In dem zweiten Schritt habe ich aus jeweils Ultramarinblau, Permanent Weiß und Elfenbeinschwarz verschiedene Blautöne gemischt und diese nacheinander auf die verschiedenen Kaffeekannenflächen aufgetragen. Hierbei eignet sich der Rundpinsel in der Größe 4 ganz wunderbar. Ich habe mit den unterschiedlichen Blautönen versucht, die Bialetti etwas plastischer aussehen zu lassen. Daher solltest du genau darauf achten, welche Flächen du etwas heller und welche Flächen du etwas dunkler gestaltest. Nimm dir hierfür gerne eine echte Bialetti oder ein Referenzfoto zur Hand.

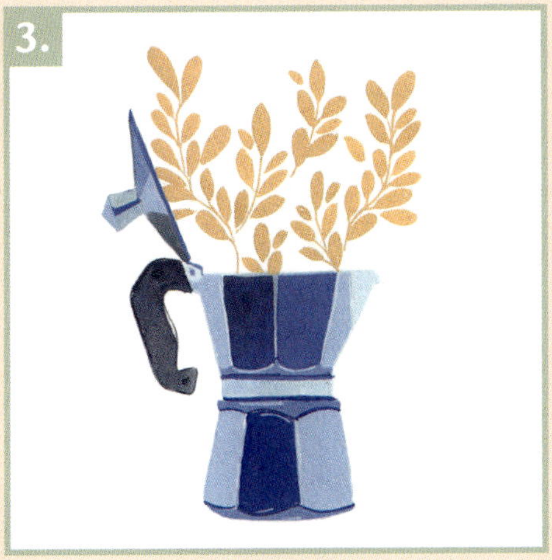

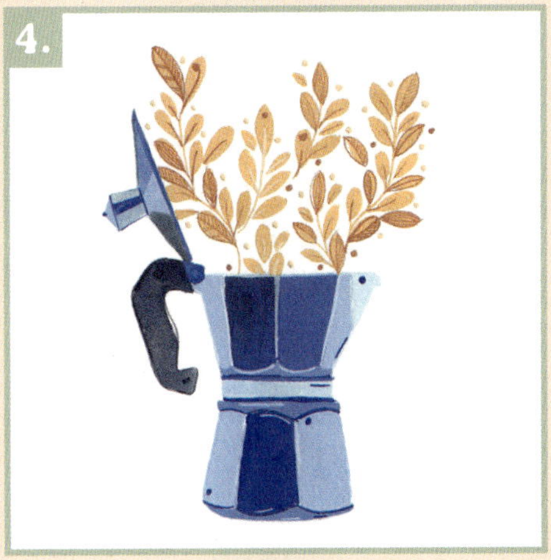

3. Im nächsten Schritt habe ich noch weitere kleinere Details, wie Schatten und Lichtreflexe mit dem kleinen Rundpinsel (Größe 3/0) ergänzt. Da die Gouache-Farbe etwas dickflüssiger ist, verwende ich für meine Gouache-Illustrationen gerne kleinere Pinsel. So kann ich trotzdem kleinflächiger arbeiten. Für die Blätter, die die Bialetti ergänzen sollen, habe ich dann einen goldgelben Farbton aus Primärgeld, Gelber Ocker und Permanent Weiß gemischt. Auch bei diesem Farbton kannst du das Trocknungsverhalten der Farbe auch erst auf einem separaten Papier testen. Hierbei hatte ich oftmals das Gefühl, dass die Farbmischungen etwas dunkler trocknen als erwartet. In einer ersten Schicht habe ich dann einen hellen Gelb/Ockerton auf das Papier gebracht und gut trocknen lassen.

4. Mit dem feinen Rundpinsel in der Größe 3/0 lassen sich im letzten Schritt nun weitere Details wie Blattlinien und Konturen ergänzen. Für die Blätter habe ich mir nun eine dunklere goldgelbe Farbmischung mit weniger Weißanteil angemischt.

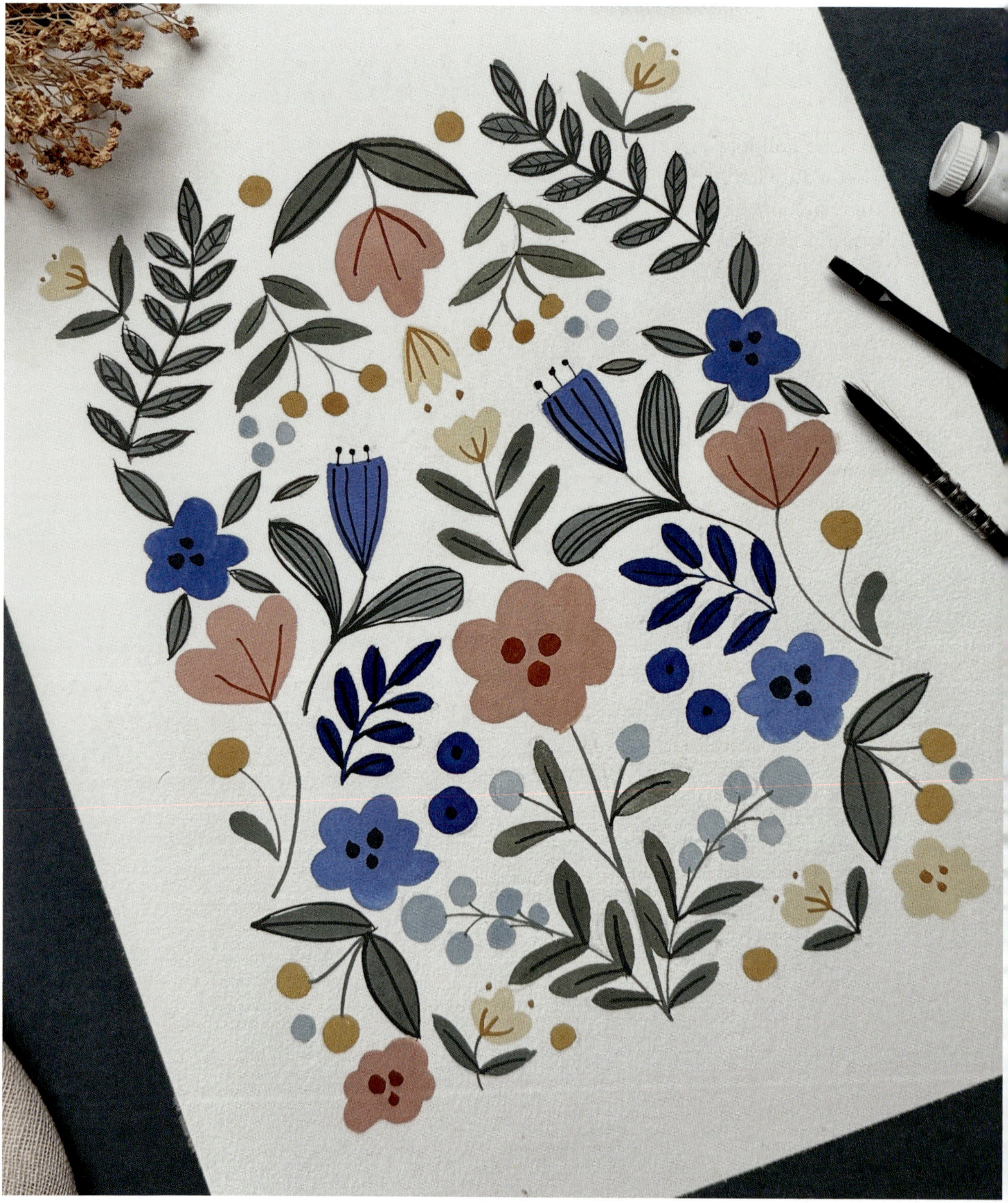

Florales Muster

Skandinavische Folklore Art ist von der Natur inspiriert und von farbenfrohen Mustern geprägt. Daher wollte ich an dieser Stelle ein florales Gouache-Muster illustrieren. Diese Muster zeichnen sich oft durch symmetrische Elemente aus. Viel Spaß mit der folgenden Gouache-Illustration im Flat-Design.

Material

- Aquarellpinsel (KUM, pinsel.yoga-Set): Rundpinsel Größe 3/0 & 4; French Schlepper Größe 4; Flachpinsel Größe 8
- Baumwoll-Aquarellpapier 300 g/m² matt (Lana cold-pressed)
- wasservermalbarer Bleistift Faber Castell „Graphite Aquarelle“ 6B
- Gouache-Farben (Winsor & Newton):

Permanent Weiß Nr. 512

Gelber Ocker Nr. 744

Primärgelb Nr. 527

Englischrot Nr. 683

Türkisblau Nr. 656

Elfenbeinschwarz Nr. 311

Schritt-für-Schritt-Anleitung

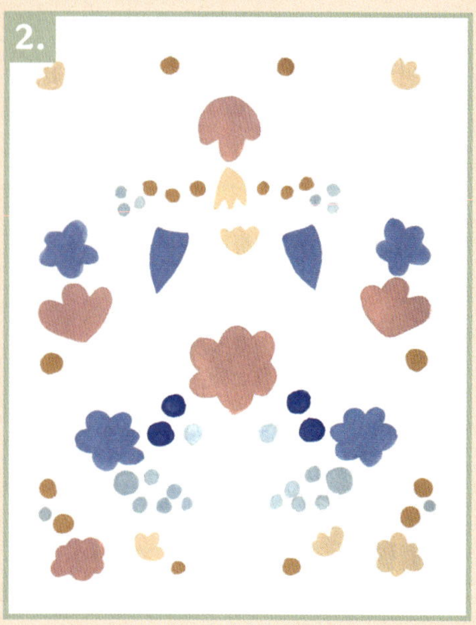

1. Bei floralen Aquarellmotiven fertige ich oftmals keine Skizze im Vorfeld an. Da es bei diesem Motiv aber viele symmetrische Anordnungen gibt, würde ich dir dies aber auf jeden Fall empfehlen. Das Bild ist zudem sehr detailliert, so hilft dir eine Vorlage dabei, nicht den Überblick zu verlieren. Die passende Vorlage kannst du dir wie auch für die anderen Motive herunterladen und auf dein Aquarellpapier übertragen. Bei Gouache-Bildern kannst du dabei auf diverse Stifte oder auch Kohlepapier zurückgreifen, da die Farben in der Regel deckender aufgetragen werden, als du es von Aquarellillustrationen gewohnt bist.

2. Im nächsten Schritt beginne ich nun damit, die unterschiedlichen Blütenblätter zu grundieren. Hierfür mische ich mir zunächst die verschiedenen Farbtöne mit etwas Wasser an, bis ich die gewünschte Konsistenz erreiche. Die Konsistenz sollte schön cremig sein, sodass sich die Farbe gut auf das Papier auftragen lässt und zugleich deckend ist. Verwendest du zu viel Wasser, benötigst du mehrere Schichten für einen deckenden Farbauftrag. Verwendest du zu wenig Wasser, lässt sich die Farbe nur schwer gleichmäßig verteilen und wird schnell streifig. Um ein Gespür für das richtige Mischverhältnis zu bekommen, hilft letztendlich nur viel Ausprobieren und Üben. Die Grundierung der kleineren Blüten- und Blätterflächen trage ich dann jeweils mit dem Rundpinsel in der Größe 4 auf.

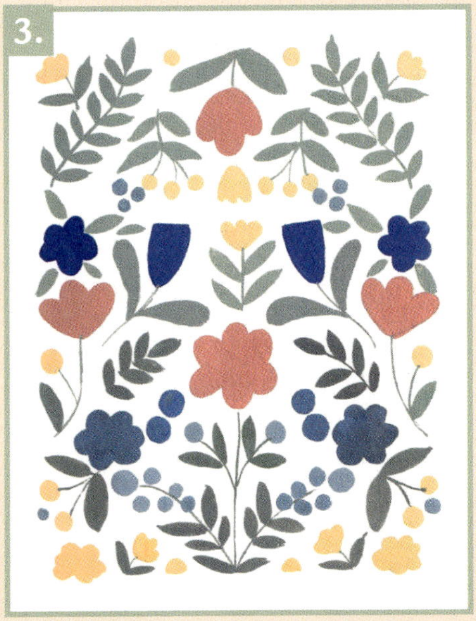

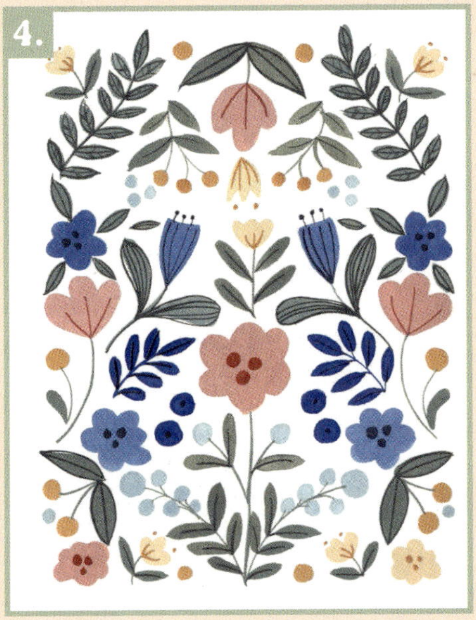

3. Daraufhin grundiere ich auch die grünen Blätter. Auch hierbei ist es schön, verschiedene Grüntöne zu verwenden, da dies ein spannenderes Gesamtbild ergibt. Dabei kannst du die Farbtöne leicht abändern, indem du etwas Weiß, Schwarz, Blau oder Braun hinzugibst. Du wirst begeistert sein, wie viele verschiedene Grüntöne sich auf diese schnelle und einfache Art kreieren lassen. Die Gouache-Farbe hängt sich konsistenzbedingt gerne mal an dem Aquarellpinsel fest und macht diesen etwas dicker. Daher kannst du pauschal 1–2 Pinselgrößen kleiner wählen, als du es für eine Aquarellillustration tun würdest.

4. It's all about the details. Obwohl ich bei diesen Motiven im reduzierten Flat-Stil arbeiten möchte, darf es trotzdem an Blattadern und kleinen Details nicht fehlen. Diese kannst du ganz wunderbar mit dem feinen Rundpinsel in der Größe 3/0 ergänzen. Dann werden die Details sehr schön fein und zart. Für die jeweiligen Details versuche ich, mich an der Grundfarbe der Blüten und Blätter zu orientieren. Für eine rote Blüte verändere ich den Grundton beispielsweise mit etwas Weiß oder Schwarz und erhalte so einen harmonischen Helligkeitskontrast. So kannst du jeweils für die einzelnen Elemente vorgehen.

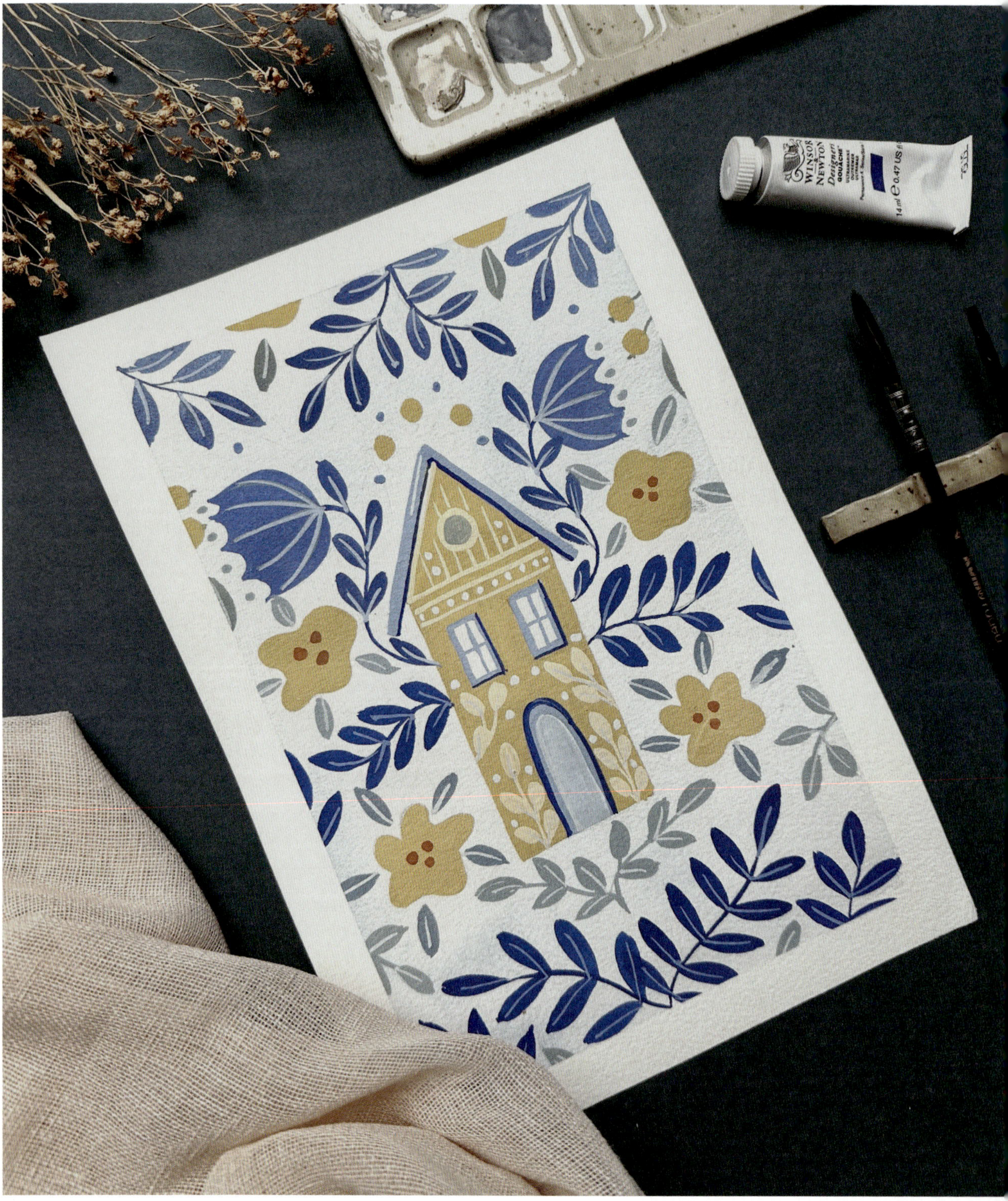

Folklore-Haus

Eine typische skandinavische Farbkombination ist für mich persönlich die Kombination aus Blau und Gelb. Daher wollte ich das folgende Muster im sogenannten „Schweden-Look“ gestalten. Ich hoffe, dir gefällt die Kombination aus einem kleinen Schwedenhäuschen und den floralen Elementen. Natürlich kannst du auch diese Illustration in dem Medium deiner Wahl umsetzen.

Material

- Aquarellpinsel (KUM, pinsel.yoga-Set):
  Rundpinsel Größe 3/0 & 4; French Schlepper Größe 4; Flachpinsel Größe 8
- Baumwoll-Aquarellpapier 300 g/m^2 matt (Lana cold-pressed)
- wasservermalbarer Bleistift Faber Castell „Graphite Aquarelle“ 6B
- Gouache-Farben (Winsor & Newton):

Permanent Weiß Nr. 512

Primärgelb Nr. 527

Gelber Ocker Nr. 744

Ultramarinblau Nr. 660

Elfenbeinschwarz Nr. 311

Schritt-für-Schritt-Anleitung

1.

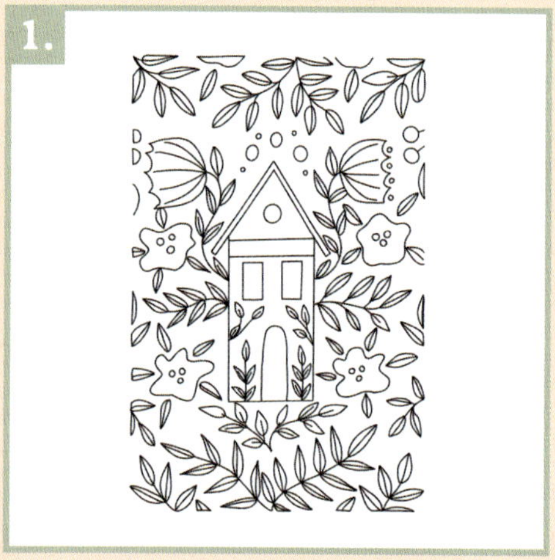

2.

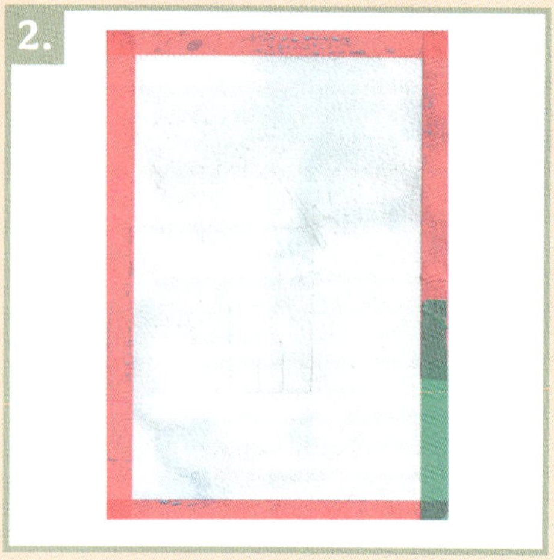

1. Übertrage dir im ersten Schritt zunächst deine Skizze auf das Aquarellpapier. Hierbei ist es nicht so wichtig, mit welchem Stift du die Skizze anfertigst, solange du mit den deckenden Gouache-Farben arbeitest. Eine tolle Möglichkeit zum Übertragen deiner Skizze bietet zum Beispiel auch Kohlepapier. Dieses kannst du vor allem häufig wiederverwenden, und es ist sehr einfach in der Anwendung. Gerade bei so komplexen Motiven wie diesem hier nutze ich sehr gerne eine Vorlage, damit alles schön symmetrisch und geordnet bleibt. Natürlich kannst du aber auch gerne spontan und frei Hand arbeiten.

2. Im nächsten Schritt klebe ich mir einen sauberen Rand mithilfe von Kreppband an meinem Aquarellpapier ab, da ich so einen weißen Rand kreieren möchte. Teste das Kreppband oder das Washitape dabei vorher an einer unauffälligen Stelle auf deinem Aquarellpapier. Nichts ist ärgerlicher, als wenn man später beim Abreißen sein schönes Kunstwerk zerstört. Die übrige Fläche grundiere ich dann in einem zarten Blau-/Grauton. Diesen mische ich aus Ultramarinblau und Elfenbeinschwarz. Dabei kannst du auch Gouache-Farben transparent mischen, solange du genug Wasser hinzugibst. Bei diesem Schritt solltest du aber darauf achten, dass du das Klebeband nicht wieder aufweichst oder es darunterlaufen kann. Arbeite daher mit ausreichend Wasser, aber tränke dein Bild am besten nicht darin, denn sonst sind die schönen scharfen Kanten in Gefahr.

3.

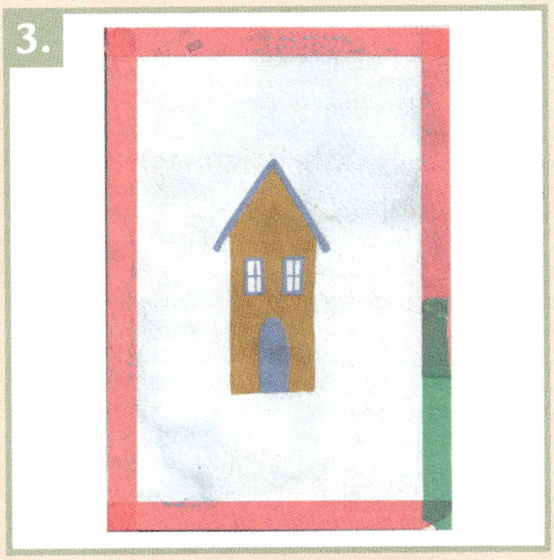

4.

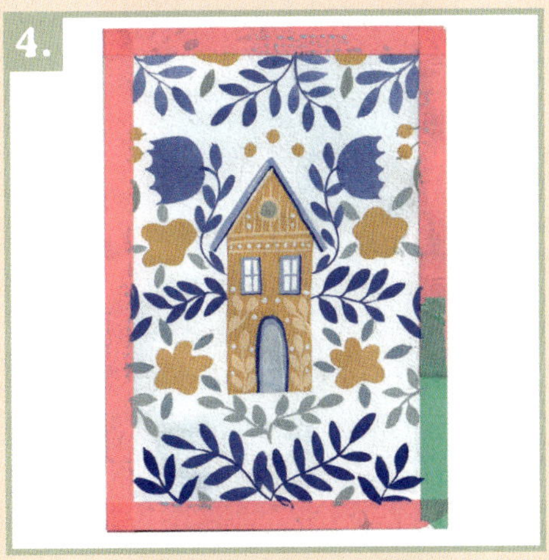

5.

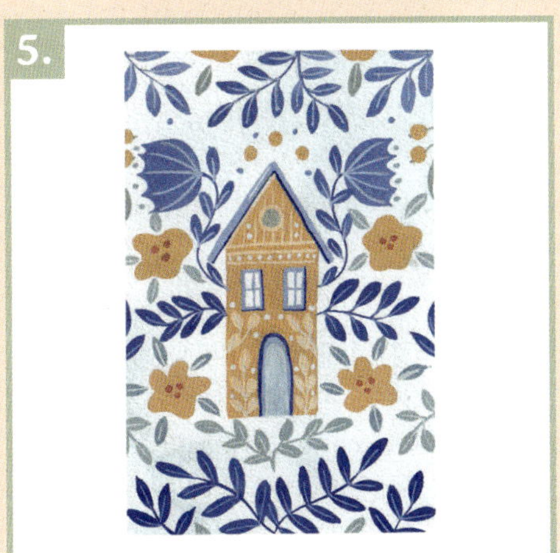

3. Daraufhin mische ich aus Primärgelb, Gelbem Ocker und etwas Permanent Weiß einen passenden Goldgelbton für das kleine Schwedenhaus an. Dieses kannst du mit dem Flachpinsel in der Größe 8 grundieren. Das Dach und die Fenster ergänze ich in einem Pastellblau, gemischt aus Ultramarin, Permanent Weiß und Schwarz.

4. Sobald das Haus grundiert und getrocknet ist, kannst du die floralen Elemente rundherum nach deinem Geschmack gestalten. Ich fand es hierbei schön, die Farben des Hauses wieder aufzugreifen. Daher habe ich mir für die floralen Elemente verschiedene Blau-, Grün- und Gelbtöne angemischt. Mit dem Rundpinsel in der Größe 4 habe ich dann die einzelnen Elemente gestaltet.

5. Im letzten Schritt dürfen natürlich weitere Dekorationselemente am Haus, wie beispielsweise Muster und Punkte, nicht fehlen. Die floralen Elemente um das Haus herum bekommen zudem passende Blattadern mithilfe des Rundpinsels in der Größe 3/0.

Danksagung

An dieser Stelle möchte ich mich zunächst bei dir bedanken. Danke, dass du mich auf meiner kreativen Aquarellreise begleitest und nun am Ende des Buches angelangt bist. Es war eine wunderbare Erfahrung, meine Leidenschaft für die Aquarellmalerei mit euch zu teilen, und ich hoffe, dass ihr durch die Anleitungen und Inspirationen in diesem Buch ebenso viel Freude an diesem Thema gefunden habt wie ich.

Dieses tolle Herzensprojekt habe ich nur mithilfe des mvg Verlags umsetzen können – ein großes Dankeschön hierfür an alle Mitarbeiter*innen und besonders an meine Lektorin Isabella Krüger. Vielen Dank für das Vertrauen und den Freiraum, die ich für das Buchprojekt bekommen habe.

Danke auch an viele andere wundervolle Menschen, die ich auf und durch Instagram kennenlernen durfte.

An das liebe KUM-Team, welches ich das erste Mal auf der Creative World in Frankfurt kennenlernen durfte. Danke für euer Vertrauen und die Möglichkeit der Zusammenarbeit für unser gemeinsames, wunderbares @pinsel.yoga-Pinselset passend zum Buch.

Vielen lieben Dank an die Gustavsons – Verena und Marvin –, die mich bei diesem Buchprojekt mit tollen Materialien unterstützt haben. Stöbert gerne mal in ihrem Onlineshop www.gustavson.de – mit dem Rabattcode „pinselyoga5“ erhaltet ihr zudem 5 % Rabatt auf eure Bestellung, ist das nicht wunderbar?

Fern von meiner Instagram-Bubble stehen natürlich die wichtigsten Menschen in meinem Leben. Ich möchte mich auch bei meinen Freunden und meiner Familie bedanken, die mich während des gesamten Schreibprozesses unterstützt haben und mich immer ermutigt haben weiterzumachen. Danke für eure Unterstützung und eure Worte zu meinen Bildern – auch wenn ich sie euch das hundertste Mal unter die Nase halte.

Die größte Geduld hat dabei mein Freund Henning bewiesen. Danke für deine Geduld und Unterstützung, für deine Ideen und den Zuspruch für dieses Projekt.

Danke auch an meine Mama, die mir früher im Kunstunterricht immer meine Bilder zu Ende gemalt hat, weil ich der Meinung war, Musik wäre das schönere Schulfach für mich. Anscheinend habe ich trotzdem deine Kreativität geerbt. Danke auch an meine Schwiegermutter in spe Frauke, die wirklich alle Bilder in diesem Buch abgesegnet hat.

Die Autorin

Lena Ullmann ist das kreative Gesicht hinter dem Instagram-Account @pinsel.yoga. Nach ihrer Zeit als Promotionsstudentin im Bereich Biotechnologie an der RWTH in Aachen hat es sie nun nach Hannover verschlagen, wo sie als Biotechnologin arbeitet. 2018 zog sie dann das Thema Bullet Journaling in den Bann, um ihren Alltag kreativ zu strukturieren. Bald darauf folgten die Themen Lettering und Loose Watercolor. Letzteres ist für sie bis heute ein großes Herzensthema. Überwiegend autodidaktisch erweitert sie stetig ihre Fertigkeiten und gibt seit 2020 ihr Know-how in Workshops und Livestreams an Watercolor-Liebhaber und Interessierte weiter.

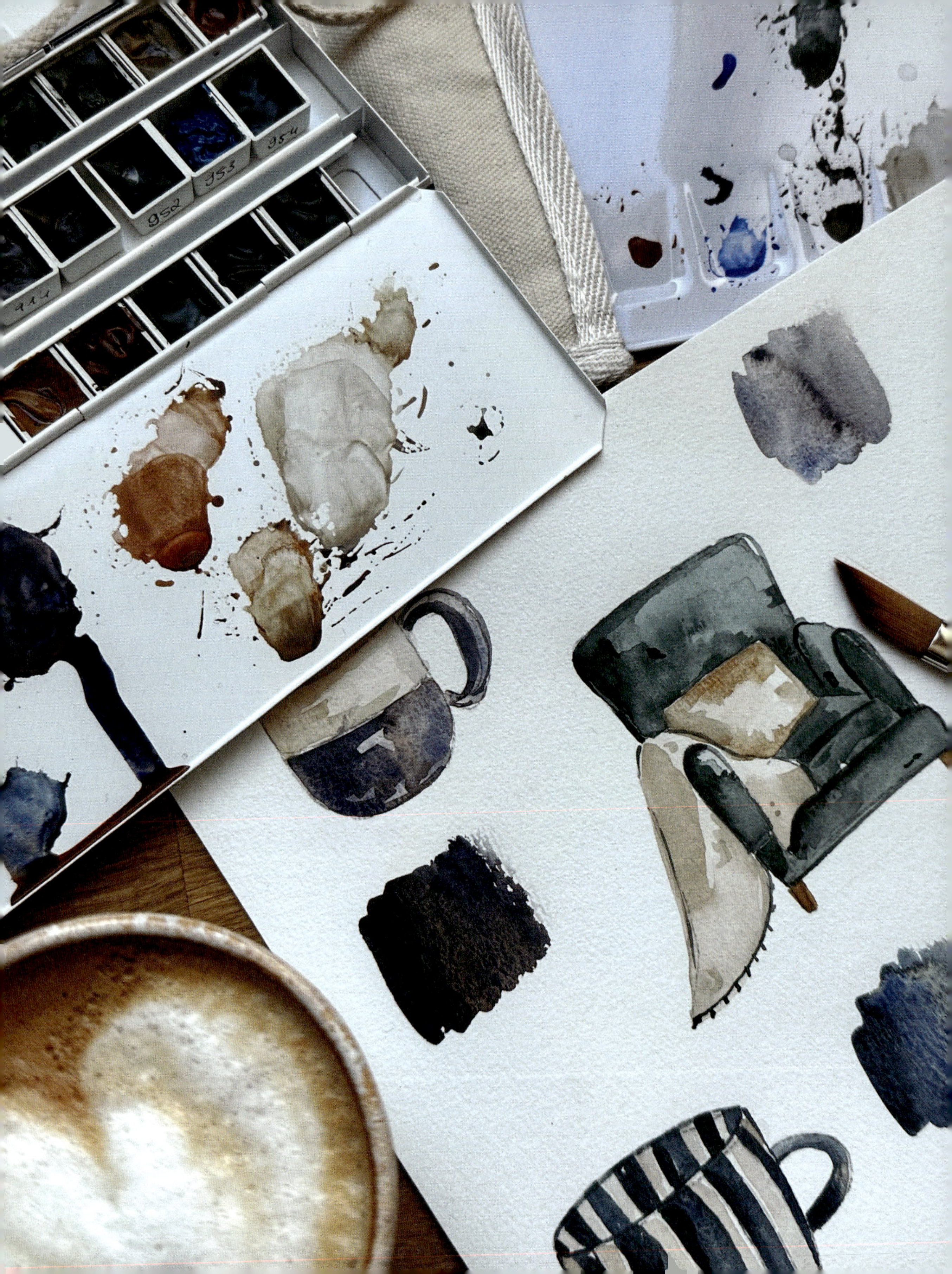